ビジネスマン・プーチン

——見方を変えるロシア入門

加藤 学

国際協力銀行・元モスクワ首席駐在員

TOYO SHOTEN SHINSHA

はじめに

核・軍拡への傾倒、人権に無頓着、神経剤を使用した暗殺、外国選挙へのサイバー攻撃等々……、日本のメディアでは、ロシアに関してとかくネガティブな話題ばかりが喧伝される。しかし、それらはロシアという国のすべてを表しているのだろうか。ロシアは日本の文字通りの隣国であり、こうした情報のみを元に関係を築いていくことが、日本にとってもはたしてよいことなのか。

本書で筆者が描きたいのは、そうした先入観を取り払った上で、プーチンの経済外交戦略やビジネス上のポテンシャルといったアングルからロシアを照らしたとき現れるまったく別の横顔である。右に挙げたネガティブな事柄もまぎれもなくロシアの一側面ではある。しかし筆者としては、日本社会では流布していないロシアの多面性を伝えることを本書の役目としたい。

◉よみがえるロシア

筆者は、二度に分けて延べ8年、国際協力銀行（ＪＢＩＣ）モスクワ事務所駐在員としてモスクワで勤務した。

一度目のモスクワ赴任（２００1年9月～２００5年5月）は、プーチン政権第1期と重なった。２０００年5月に彗星のごとく現れたプーチン大統領は、内政にあっては、相次ぐチェチェン武装勢力によるテロとの闘争と国政を牛耳っていた寡占資本家からの権力奪取に邁進した。安保・外交政策にあっては、疲弊した国力を取り戻すため、旧来のイデオロギーを廃し、欧米との協調路線をとった。西側諸国が主導する国際体制において、大国の一角として食い込むべく国際社会との対話を続け、２００6年にはＧ8サミットをロシア第二の都市サンクトペテルブルグに招致するまでになった。

２００1年の9・11米国同時多発テロ事件は、プーチン大統領に、チェチェン武装勢力を征討する格好の理屈を提供した。プーチン大統領は、世界各国首脳の中で最も早く、米国ブッシュ（Jr.）大統領に電話し、「テロとの戦い」をテーゼとする国際的な協調を力強く約束した。振り返れば、この頃、プーチン大統領は、ドイツのシュレーダー首相、イタリアのベルルスコーニ首相、英国のブレア首相ら並み居るＧ7首脳と非常に良好な関係を築いていた。

折しも高止まりする石油価格に支えられ、ロシアのマクロ経済は、右肩上がりの成長を遂げた。この時期、国際協力銀行（ＪＢＩＣ）の融資対象も１９９０年代の政府保証案件から、国営地場銀行やロシア企業の信用力に基づく輸出金融、日本企業の出資を伴うロシア合弁企業に対する投資金融、サハリン2プロジェクト向けプロジェクトファイナンス（融資の返済原資をプロジェクトの生み出すキャッシュフローに限定する融資スキーム）に基づく資源案件といった形で拡充していった。

◉暗転――ウクライナ危機

二度目のモスクワ赴任（２０１３年6月～２０１７年10月）は、プーチンが、２０１２年5月から大統領に再登板した第3期と重なった。２０１４年2月、ソチ冬季五輪の華やかな開会セレモニーは、大国ロシアの完全復活を物語るに十分な圧倒的な内容であり、平和とスポーツの祭典を担うにふさわしいホスト国としての役割を果たしたように見えた。

ところが、ソチ冬季五輪閉会直後、ロシアは、電撃的にウクライナ領クリミアに侵攻、瞬く間にロシアに編入し、ロシアを取り巻く国際情勢は文字通り一変する。ロシアは、同年3月以降も、ウクライナ東部への間接的な介入を繰り返し、ドネツク、ルガンスク地方では、親露派勢力がロシア傀儡政権を樹立、戦闘は小康状態に入ったものの、今なお散発的な衝突が継続している。

２０１４年3月以降、刻一刻と流転するウクライナ東部戦況に応じて、米国が主導する形で欧米諸国は数次にわたって対ロシア経済制裁を発動した。その都度、モスクワのビジネス現場では、新しい経済制裁による影響範囲の確認とその後想定される展開についての分析が火急で求められた。ロシアにおけるビジネスも地政学のうねりの中に実際に巻き込まれることになったのである。

◉日本のバランス外交

こうした中、日本は、ロシアのクリミア侵攻、ウクライナ東部介入に対し、Ｇ７としての一体性を示すための制裁措置等の対応を講じつつ、重要な隣国ロシアとの平和条約締結を実現するため、首脳外交を積極的に展開してきた。

安倍首相は、２０１６年5月にソチで開催された日露首脳会談で、領土問題に対する新しいアプローチを提唱すると共に、「経済分野に関する8項目の協力プラン」を提案、同年9月には、世耕経済産業相を新設したロシア経済分野協力担当相に任命した。2016年12月のプーチン大統領訪日時には、官民あわせて80件もの文書が締結され、以降、8項目の協力プランに基づく優先プロジェクトが協議されている。

8項目には、ロシアの健康寿命の伸長、快適・清潔な都市作り、極東開発といった分野が含まれている。これは、健康、都市開発、極東地域振興といったロシア社会が大きな課題を抱える分野において、両国が協働して互恵的なプロジェクトを推進し、ともに歩んでいくことを提唱する日本側のメッセージに他ならない。

つまり、欧米諸国による対ロシア経済制裁という逆風の最中ではあるが、経済制裁に抵触しない範囲で、一つでも多くの日露間経済プロジェクトを実現することに力が注がれるようになったのである。筆者の二度目のモスクワ駐在は、ほぼこれに忙殺されることになった。

◉ロシア進出をためらう日本企業

かねてよりロシアは隠れた親日国である一方、日本社会では、伝統的にロシアを色眼鏡でみる欧米メディアの影響もあり、ネガティブな先入観が邪魔をして、現在進行形のロシア、特にそのビジネス環境を正しく理解しようとする雰囲気に乏しかった。また、ロシアに滞在する日本人や実際に現地に根を下ろして活動する日本企業数が限られているため、ありのままのロシアの姿がタイムリーに伝わりにくい状況も継続してきたといえよう。相互補完の関係にある日露の貿易構造、ロシアの生活水準（クオリティ・オブ・ライフ）を高めるビジネスへの需要、極東開発等々、ロシアと日本は互恵的なビジネスチャンスにあふれているのだが、残念ながら、この機会は十分生かし切れてこなかった。

そうした中、ロシアによるクリミア編入、ウクライナ紛争、これに対する欧米の対ロシア経済制裁により、日本企業等におけるロシア・ビジネスへの「漠たる不安感」は一層増幅されてしまったかもしれない。

実際、ロシアの投資先国としてのイメージダウンは避けられなかった。国際協力銀行（ＪＢＩＣ）の日本の製造業企業を対象とする「２０１６年度海外直接投資アンケート調査結果」（以下、「ＪＢＩＣ海外直接投資アンケート」）[1]の有望事業展開先国・地域として、ロシアのランキングは、２０１２年８位、２０１３年９位から、年々順位を下げ、２０１６年は15位にまで落ち込んでしまった。[2]そして、ロシアの投資先国としての課題（複数回答可）は、①「法制の運用が不透明」が全体回答の37・５%、②「複雑・不透明な輸入規制と通関手続き」が同31・３%、③「投資先国の情報不足」が同31・３%、④「治安・

社会情勢が不安」が同31・3%で上位を占めることとなった。

◉ロシア経済の現状と経済制裁のゆくえ

ひるがえってロシアの足元の経済状況はどうか。欧米諸国による経済制裁、2014年下期より顕著となった油価下落のダブルパンチにより、2015〜2016年にロシア経済はマイナス成長に陥った。他方、こうした事態に際し、ロシア中銀といった金融当局はインフレ抑制、財務省は予備基金等による財政赤字補填等の政策によって効果的に対処した。情報通信や製造業の復調等により2016年第4四半期よりGDP成長率は0・3%のプラス成長に転じ、2017年第1四半期はプラス0・5%、同年第2四半期はプラス2・5%を記録した。2017年は、最終的に通年でプラス1・5%成長となった。2018年も油価動向、消費や投資の回復次第であり、高成長は見込めないものの、通年で1・5〜2%程度のプラス成長は確保される見通しである。

欧米経済制裁によるロシア経済への長期的な影響についてはどうだろうか。この点については今後、慎重に検証していく必要があろう。トランプ政権下、ロシアに対する経済制裁の行方は不透明性を増している。ただ、これまで発動された経済制裁については、その内容を正しく把握すれば、検討している目の前のビジネスにどういった影響があるのか、もしくはまったく影響がないのか明らかにすることは可能である。

◉ロシアの先行きを見通す視点

プーチン率いるロシアの国際社会での振舞いとロシアをめぐる地政学の動静を見ていると、その将来を予測することは簡単ではなく、ロシアとのビジネスには不安要素がつきまとうと思われるかもしれない。ただし、これもプーチン大統領の地政学的な価値観と目標を理解し、対外政策に関する「戦略的選好（＝何を取って何を捨てるかの戦略的な判断基準）」を大づかみに把握できれば、過去の事例の原因と結果と照らし合わせて、先々の展開について確度の高いイメージを持つことが可能となると、筆者は考える。

先行きを見通す、ということに関しては、実は政治よりもビジネスの方がシンプルであって、より容易である。逆に、ビジネスを通してロシアとロシアをめぐる国際情勢の理解に努めると、思いもよらぬクリアな像を得ることができる。冒頭で「まったく別の横顔」と書いたのは、そういうことである。

本書ではこうした立場から、具体的には次のようなテーマについて読み解いていきたい。

地政学の動静に翻弄されるかのようなロシアのビジネス環境であるが、昔も今も将来も日露間の互恵的なビジネスチャンスは底堅く常に存在していること（第1章）。クリミア、ウクライナや中東でのプーチン率いるロシアの行動は、一定の価値観と目標に向かって展開されており、ロシアの硬軟相混ざった対外政策、特に戦略的な「経済外交」を理解しておけば、これらに伴うビジネス環境も相応に予見できること（第2章）。欧米との緊張関係に伴うプーチンの東方シフトの政策は、日露間の経済交流を促進し、極東ビジネス拡大への期待をはじめとして日本にとっては追い風ともいえること（第3章）。東回りルートを拓く北極海航路の拡充を意識したロシアの北極圏開発は、日本にとっての新たなビジネス機会といえること（第4章）。ビジネス上のリスクといえる欧米経済制裁は、一見して複雑であるが、一定のコンセプトが見出せ、その影響範囲を見極めることが重要であること。また、その制裁に対してロシア経済は優れた耐性を見せていること（第5章）。そうした情勢の中で第4期政権をスタートさせたプーチンが取り組む内政・ビジネス上の課題と日本を含む周辺国への経済外交（第6章）。

日本からロシア極東の都市ウラジオストクまでは、飛行機でわずか2時間半の距離である。広大なロシア極東の北東部を占めるサハ共和国の首都ヤクーツク市と日本との間には実は時差がない。一方、日本とロシアの心理的な距離は、実際のそれよりもまだまだギャップがあるように思われる。物理的な距離を縮めることは不可能であるが、ロシアの内側に入り込むような気持ちで、ロシアの視点に立って物事を俯瞰してみれば、ビジネスを展開するにあたっての心理的な隔たりはなくしていくことができる。

本書を読んで、読者の方々に少しでもロシアでのビジネスに関心を持っていただければ幸いである。さらに欲を言えば、ロシアに対する「漠たる不安感」というものがいくばくかでも軽減され、ビジネスを行う新しいフィールドとして検討の対象になるようなことがあれば望外の喜びである。

なお、本書に書かれたすべての内容は、筆者の個人的な見解であり、筆者が所属する組織の立場と直接的な関係はなく、記述内容については、筆者が責任を負うべきものであることをあらかじめ明記する。

1　http://www.jbic.go.jp/ja/information/research.html

2　2017年は13位にランキングを上げており、やや持ち直している。

目次

ビジネスマン・プーチン

第5章 ロシア経済制裁の真実 135

第6章 プーチン・ロシア最後の6年を占う 181

第1章

あふれるビジネスチャンスと地政学リスク

筆者が勤務する国際協力銀行（ＪＢＩＣ）の主な業務は、ロシアでビジネスを行う日本企業を金融面から支援することである。この仕事柄、モスクワの駐在員事務所ではこれからロシアでのビジネスを検討しようとされている方とたくさんお会いする機会に恵まれた。それぞれ取組まれている対象は多種多様ながら、共通しているのは、初めてのロシア訪問で、いくつか関係あるロシア企業を回ったうえで、「ロシアはやはりひどい国だ、もう来たくない」という感想を聞いたことは、ただの一度もないということである。むしろ、ネガティブな先入観とは大きく異なっていた目の前のロシアに対し、好印象を持って帰国される場合がほとんどである。これは、ロシアを訪問したビジネスマンが、それぞれの嗅覚をもってロシア市場の魅力やビジネス上のポテンシャルの高さを感じ取られているからといえよう。

はじめにこの章では、筆者が見てきた、日本との互恵的なビジネスチャンスにあふれるロシアの実相について紹介したい。

ロシア・ビジネスのポテンシャル

◉親日国ロシア——日本製品への圧倒的な信頼感

２０１７年６月初旬、ロシア大統領の肝煎りでサンクトペテルブルグ国際経済フォーラムが開催された。その中のセッションの一つ「メイド・イン・ロシア——国家ブランドの創造」で約４００人の聴衆（おおむねロシア人）に対して、「どこの国で生産された製品を買いたいか」という会場アンケートが実施され、日本製が45・７％と圧倒的な１位であった（２位はＥＵ製で22・９％、３位はロシア製で19・３％、４位は米国製で10・７％）。ロシア極東を訪問すれば、日本製の中古車が輸入中古車のシェア７割を超え、ウラジオストク等の市内の至るところで見られる。ウラジオストク在住のロシア人からは、日本製の中古車の方が、ロシア製の新車よりも長持ちするという声さえ聞かれる。また、首都モスクワ市内の高級スーパーで時折見かける日本製のシャンプー、洗剤、オムツ等の生活日用品は、日本語のロゴをそのままに販売されている。日本語をあえて残した方が高級品としての印象が強まるとのことである。

ロシア、いやロシアを含む旧ソ連圏全体での日本製品、日本的なものに対する親近感と敬意は日常にあふれている。また、それは、日本人および日本のビジネスマンに対する信頼感にも繋がっている。筆者はモスクワに延べ8年、駐在員として居住したが、日本人であるがゆえに嫌な思いをした経験は一度もなく、むしろ日本人ということで大目に見てもらったことは何度かある。外国でビジネスを行う上で、その国が親日的であることは最も重要なポイントの一つである。

◉相互補完関係にある日本とロシア

また、日本とロシアの貿易構造は、具合よく相互補完の関係にある。輸出入品目を見てみると、2016年の日本のロシアからの輸入品目は、原油29・3%、LNG22・2%、石炭12・1%、非鉄金属11・9%、魚介類9・0%、石油製品6・1%、動植物性油脂6%、その他3・7%の内訳となっており、石油・石炭、非鉄金属の割合が53%を占める。一方、日本からのロシア向け輸出品目は、自動車48・8%、一般機械16・2%、自動車部品9・0%、ゴム製品6・1%、その他19・9%の内訳で、自動車・自動車部品が全体の57・8%を構成する。

日本のロシアからの輸入品目（2016年）

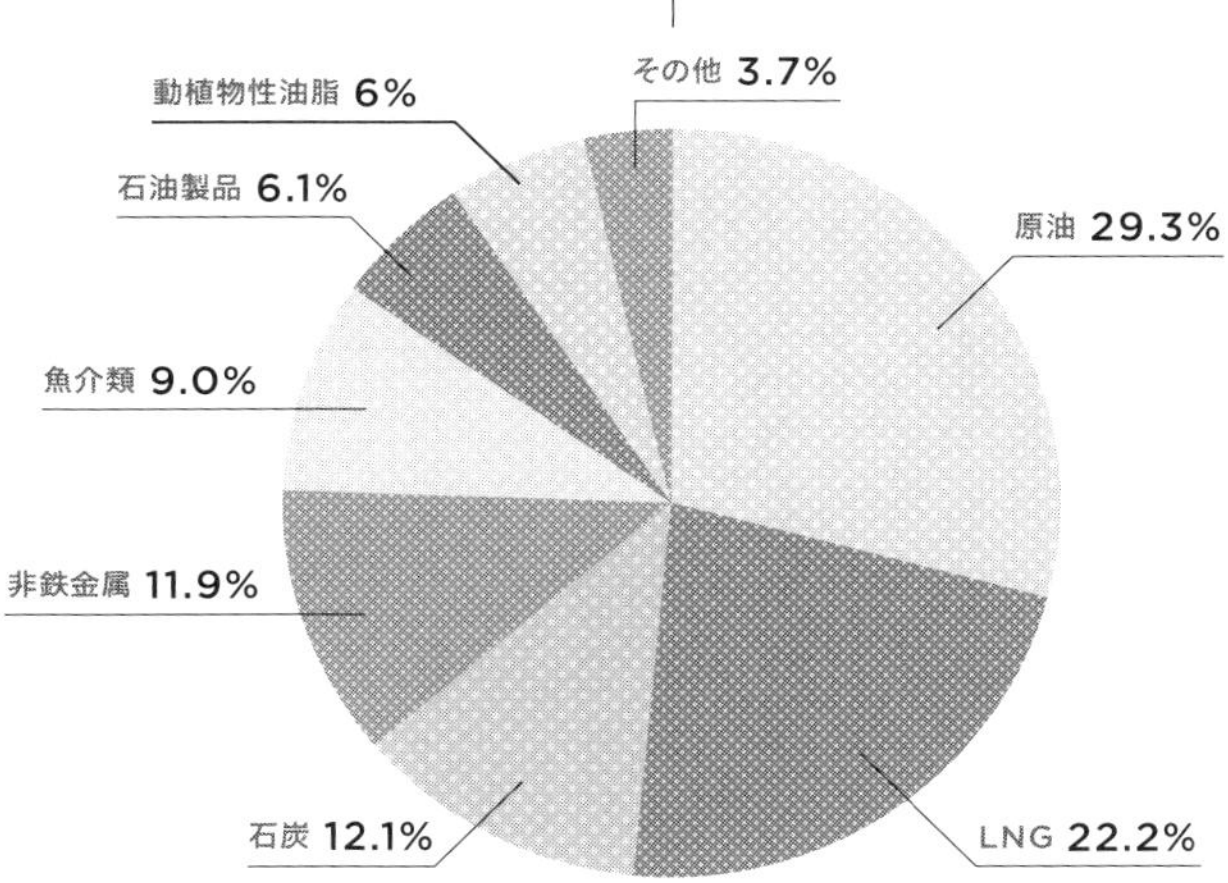

ロシアの日本からの輸入品目（2016年）

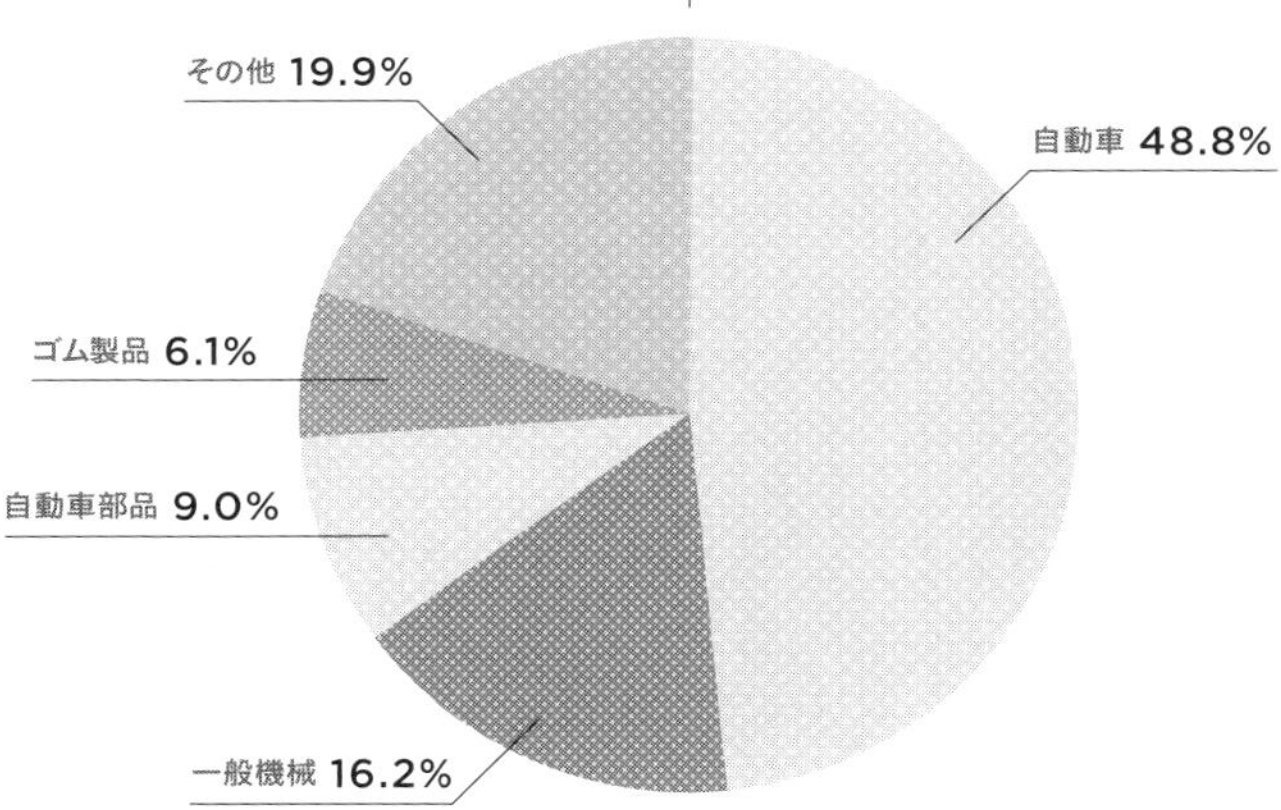

ロシアが、石油・天然ガス、鉱物、金属、木材等のあらゆる資源に恵まれた資源大国であることはよく知られている。さらにロシアは、これら一次資源に付加価値をつけたダウンストリーム製品の輸出を拡大していくことを常に目指してきたが、現状ではそれがまだ初期的な段階にある。石油化学産業を例にとってみれば、そのＧＤＰ全体に占める割合は、わずか１・５％程度で、産業全体の生産物の４％を占めるに過ぎない。豊富な石油原料があるにもかかわらず、エタン、エチレンといった石油化学の基礎製品の生産能力が不足していることなどから、可能性を十分生かしきれていない。また、低密度ポリエチレン（ＬＬＤＰＥ）、ＡＢＳ樹脂、ポリエステル樹脂（ファイバー、フィルム）等の高付加価値製品は輸入に頼っているとされる。このような状況に対し、日本企業は、エタン、エチレンといった石油化学の基礎製品の生産能力を高め、石油化学産業におけるサプライチェーンを強化する提案を行うことが可能である。

また、日本の自動車および自動車部品産業については、さらにロシアでの現地生産を進めることで、市場を広げられる余地が十分にある。欧州の１０００人当たりの自動車保有台数は５８７台（２０１６年）[1]であるが、ロシアのそれは２９０台（２０１７年）[2]に留まっており、まだまだ国内需要に一段の伸び代がある。また、ロシアでの現地生産車のローカライゼーションにあたっては、自動車部品メーカーの進出も重要である。それには、ロシアでの現地生産台数が拡大され、一定の需要が確保されることが、工場進出を本格検討する前提となろう。検討に着手するにあたり、すでにグローバル展開に成功している日本の自動車部品メーカーが、その成長の軌跡やノウハウについて、候補となるロシア側パートナーと可能な範囲で共有し、ロシアに適用可能か調査することも非常に有益である。このことだけでも外資を含むロシアの自動車産業の発展を大いに勢いづけることができると考える。

このようにロシアと日本の経済は、相互補完関係にあり、双方の得意分野を伸長させることで互恵的な経済プロジェクトを増やしていくことが可能である。

◉日本のビジネスチャンス①——生活環境大国を目指すロシア

ロシアの出生率は、１９９０年代の最悪期[3]を脱し、政府の各種施策が功を奏し、１・７～８程度に持ち直してきているものの、２０１７年上期、ロシアでは11・9万人もの人口が自然減している。ロシア人男性の平均寿命は、65歳前後と日本人男性の80歳に比べると約15歳も短い。人口の自然減にはさまざまな原因があるが、平均寿命の短さも一因であろう。ロシアでは、国民全員が定期的に健康診断を行い、自身の健康状態をチェックする社会的な体制は依然として整備されているとは言い難い。健康寿命の伸長、高齢者医療制度の拡充に努めてきた日本にとって、高度な医療技術・機器の提供、医薬分野での協力に留まらず、健康を維持するための社会システムの構築に向けてロシアに提案できる余地は非常に大きい。

また、ロシアでは人口１００万人を超える都市が15以上あるが、快適で効率的な都市化を促進させる上で、過密化する都市の問題を解決してきた日本が貢献できるビジネス分野は数多い。例えば、モスクワは人口１３００万人を超え、日量７万トンもの都市固形廃棄物が発生しているが、その処理方法は、埋め立てに頼っている。廃棄物の分別やリサイクルの仕組みづくりはほぼ手つかずの状態である。廃棄物処理熱を利用した温水の活用や発電といった都市社会システムを日本から輸出することで、ロシアの都市は快適かつ効率的に発展させることができる。また、高品質の住宅、上下水道、渋滞解消に向けた信号システム、郵便システム等々、数え切れないほどの都市社会システム分野での協力ポテンシャルがある。

◉日本のビジネスチャンス②――一大国家プロジェクト・極東シベリア開発

プーチン大統領は、極東シベリア開発[4]を「21世紀の国家的プライオリティ」プロジェクトと位置付け、極東発展省は、高付加価値製品を極東シベリア地域にて生産し、中国、韓国、日本をはじめとするアジア太平洋地域へ輸出することを戦略的目標としている。地政学的な要因も絡み、近年、極東シベリア開発における日本の役割に対して、ロシアの期待は特に高まりつつある。日本企業にとっても極東シベリアでのビジネスチャンスは底堅く存在している。ロシアは、欧州地域ではドイツを主なパートナーとして各産業の振興やインフラ整備を進めてきたが、極東シベリアのインフラ整備や産業の高度化については、日本をドイツのようなパートナーにしたいとの根強い期待がある。

◉日本のビジネスチャンス③――脱・資源依存

２０１６年のロシア全体の輸出額は２８１８億ドルで、うち石油・石油製品の輸出額は１１９８億ドル、天然ガス・ＬＮＧ輸出額は３４２億ドルで、石油・ガスが輸出額全体に占める割合は、54・６％と過半を超える。油価動向にダイレクトに影響を受けてしまう経済構造から脱却することは、ロシアの長年の課題とされる。また、資源に代わって経済成長を牽引するような新産業を創出することも重要な課題とされている。

ロシア政府は、この新産業のターゲットとして、社会・産業のデジタル経済化を挙げる。冒頭にも触れた2017年6月初旬のサンクトペテルブルグ国際経済フォーラムでスピーチしたプーチン大統領は、「デジタル・エコノミー」発展の重要性についてたびたび言及し、ITと国家行政、都市開発、製造業等との融合を促すことで、ITを軸とした新たな成長産業を育成することを模索している。

他方、日本政府は、モノとモノ、人と機械、人と技術等、さまざまなものを繋げることで、社会の課題解決を促す産業のあり方を「コネクテッド・インダストリーズ」と位置づけ、その実現に向けた取組みを推進している。こうした分野においても相方共通の政策課題に向けた一層のビジネス交流が可能であり、期待される。ロシアの長期的な経済発展戦略を策定するロシア経済発展省の次官であったヴォスクレセンスキー氏（現イワノヴォ州知事）は、日本が強いハイエンドな分野でのビジネス交流とそのシナジー効果により、ロシアの既存産業がより高いステージに移行すること強く期待していると述べている。

◉不安視されてきたビジネス環境の現在――進展する市場経済化、優秀な人材

近年、大手のロシア企業は欧米企業と比べても遜色ない形で財務情報の開示を行い、透明性の高い経営を行っている。そうした大手のロシア企業は、国際的に通用する大手監査法人の適正意見書が付された国際会計基準（ＩＦＲＳ）に準拠した財務諸表をホームページ上で開示している。さらに、スタンダード＆プアーズ、ムーディーズ、フィッチといった西側の大手格付け会社の格付けを取得している企業も大幅に増えた。こうした要件を整え、各セクター大手のロシア企業は、欧米の債券市場にて外債を発行し、資金調達をグローバルに進めている。

また、近年、ロシアのビジネスマンが使う英語力は飛躍的に進歩した。特に30歳から40歳代のバイタリティあふれる若い世代のビジネスマンは、おおむね英語でビジネスの意思疎通が可能である。１９９１年のロシア連邦発足からまだ四半世紀に過ぎないが、英語力のみならず、欧米スタンダードの市場経済原則やビジネス上のプロトコルを急速に吸収したロシアのビジネス社会の進展には目を見張るものがある。

ロシアは優秀な人材の宝庫である。例えば、ロシア最大手の医薬品企業の一つであるR-Pharmのレピク会長は、卓越したビジネスセンスにより、医薬品製造・販売事業を拡

大させるとともに、30歳代後半にして、露日ビジネスカウンシル代表として公職に就き、日露両国の経済関係の深耕に向け精力的に活動している。また、ロシア最大手肥料会社フォスアグロのグリエフ社長、CFOのシャラバイコ氏はいずれも30歳代から現職にあるが、グローバル市場の動向に常にアンテナを張り、投資家等との積極的な対話を通じて、自身の会社の競争力の維持・拡充に努めている。こうした優れたロシア企業経営者については枚挙にいとまがない。

さらに重要な点は、近年のロシアでは、健康で意欲さえあれば、自身の才覚で将来を切り拓いていけるようなビジネス上のチャンスが広がりつつあることである。モスクワのビジネスの現場では、大学を卒業したばかりのやる気に満ちた有能なロシア人に出会い、筆者の方が触発されるような経験も少なくなかった。

◉高い文化水準と高級品志向

モスクワに住むと、ロシアが非常に文化水準の高い国であることがよく理解できる。冬場のシーズンになれば、連日連夜、数多くの壮麗な劇場で、オペラ、バレエ、クラシックコンサート、伝統的な舞踏などが、手頃な値段で鑑賞できる。日中には、子どもが観劇できるさまざまな演目も用意されている。高い水準の芸術を鑑賞することは、市井の人々の暮らしに根付いており、皆その伝統を大切にしている。この一流の芸術文化を愛する国民社会の雰囲気は、豊かな資源国特有の貴族的な鷹揚さをあわせもつロシアの国民性の一端を示している。そして、それはビジネスについても同様の側面があり、安かろう悪かろうの考え方に最初から妥協することなく、できる限り、一流のものを求める姿勢がある。[5]こうした国民性は、高品質の日本製品を好む理由であろうし、高い技術水準、優れた経営ノウハウや労働規範を有する日本企業のマインドとよく調和する。

◉高い女性の社会進出度、多様な民族や宗教を抱える社会

ロシアでは、女性が結婚後も働くことは一般的である。経営に携わる企業幹部が女性であることは珍しくない。特にロシアを含む旧ソ連の中央官庁では、財務や金融当局に有能な女性が配されていることが多かった。ロシアに組立工場を持つ日本の大手自動車会社の方からは、能力主義で選抜したところ、部長職はすべて女性となってしまったと聞いた。女性が働くことを前提としたロシアの労働法規や社会システムから日本や日本企業が吸収できることは多い。

さらに、ロシアは１００を超える民族からなる多民族社会であり、東方正教会を中心とするキリスト教国家でありながら、全人口１・４億人の約15％程度、つまり２０００万人を超えるムスリム人口を抱える。宗教活動を抑制したソ連の70年におよぶ治政を経たという経緯もあるが、ロシアに住むムスリムは、東方正教会と非常にうまく協調して生活している。例えば、タタールスタン共和国の首都カザンにある白亜のクレムリンの内部には、壮麗なモスクと東方正教会の教会が並び建っている。お互いの生活パターンや慣習を排撃しない相互尊重の意識が自然と定着しているように感じる。

こうした、労働現場においてはジェンダーへの偏見が小さく、日常的なレベルでは多民族がうまく融合し、宗教的な対立も少ない社会は、ビジネス環境として望ましい。むしろ、単一民族国家である日本が、今後、移民受入れ問題や多様性を包摂する社会構造を考えていく上で、さまざまな示唆を得ることができると思われる。

日露ビジネス関係の現在地

◉「最も可能性に富む二国間関係」

２０１２年、第二次安倍政権が発足して早々、プーチン大統領との電話会談で、安倍首相は、日露関係を「最も可能性に富む二国間関係」と表現した。この表現は、平和条約が締結されていないことや領土問題が未解決であることを指すだけでなく、これまで述べてきたようなロシアにあふれる互恵的なビジネスチャンスが十分に生かされていないとの思いも投影されている。広大なポテンシャルあるロシアの沃野が残念ながら未だに深く耕されていないという感覚である。

実際、統計を見てみると、ロシアに居住する日本人数やロシアに根を張ってビジネス展開している日本企業数は、依然として非常に限定的であることが分かる。

外務省「海外在留邦人数調査統計」（２０１６年10月１日時点）[6]によれば、ロシアの在留邦人数は２６５０人、ロシアに進出している日本企業（出張所、駐在員事務所、現地法人、合弁企業を含む）は全体で総計４５０社、うちロシア極東地域に進出している日本企業（同）は合計98社（うちウラジオストク44、ユジノサハリンスク22、ハバロフスク32）とされる。一方、同時点で中国の在留邦人数は12万8111人、3万2313社もの日本企業（同）が進出している。

ロシアでの日本企業数は、極東地域についていえば、中国のわずか0・3%、ロシア全体でも1・4%、在留邦人数は、中国のわずか2%程度に留まっているということである。人口15億の巨大マーケットを抱え、各産業の上流から下流に至るサプライチェーン等が整った中国とロシアを比較すること自体が、そもそも意味をなさないかもしれない。しかしロシアは、世界の陸地8分の1を占める広大な国土に豊富な資源を有し、全体で約1・4億人、首都モスクワは約1300万人の人口を抱える産業大国である。漠たる印象論から言っても、中国と同じ隣国でありながら、ロシアにおける日本人数と日本企業数は、驚くほどに少ないという表現はおかしくない。地政学リスク、欧米制裁、油価下落といった外的ファクターを勘案しても、ロシアでのビジネスが中国のそれに比較して、100分の1～2程度の魅力しかないとは、筆者には到底思われない。

◉何が足を引っぱっているか

もちろん、日露両国のビジネスが、しかるべき段階に達していない原因は、さまざま考えられる。一つには両国間の人の往来と交流が限定的なため、ロシアに関する正しい情報が不足し、ソ連邦崩壊後の混乱期の残像やネガティブなイメージが払拭しきれていないことが挙げられよう。

また、ロシア行政当局の法制の運用が不透明であったり、輸入規制や通関手続きが複雑かつ恣意的といった、ロシア側に改善が必要な課題が多いのも確かである。特に、各種許認可などの取得に際しての行政サービスは、窓口での対応がまちまちで、多くの時間を要す場合も多い。国営企業やこれを母体とする民間企業では、官僚的に過ぎる対応が繰り返されることもままある。こうした一つ一つの事務手続きの過大な負担感は、オーバーヘッドコストに余裕のある大手企業でなければ、付き合い切れないという話になってしまうかもしれない。

◉ロシア進出企業の確実な伸び

とはいえ、ロシアに進出する日本企業数は、1999年の105社から、2002年211社、2006年302社、2009年406社と年々拡大傾向にあり、その形態も駐在員事務所から現地法人に移行し、大手商社・大手製造業に加え、民間銀行・保険・輸送・コンサルティング等のサービス業といった分野にも確実に広がりを見せてきた。日露貿易高（総額）も、リーマンショックにより一時的に落ち込んだ2009年の121億ドルから、2010年240億ドル、2011年307億ドル、2012年335億ドル、2013年348億ドルと右肩上がりの傾向にあった。

世界銀行Doing Businessランキングにおいて、2018年、ロシアは35位に位置しており、2012年が124位であったことを考えれば、大きく改善した。特にビジネスのスタートアップの容易さ、不動産登記のしやすさ、電力接続の容易さといった項目の評価は高い。BRICS（ブラジル、ロシア、インド、中国、南ア）の中でも最も高いランキングである。この世界銀行データの結果から分かることは、ロシアのビジネス・投資環境の水準について、日本企業は、そろそろ真剣に色眼鏡を外して、実際に自分の眼で確かめる時期が到来しているということであろう。

◉首脳外交による後押し

２０１２年から２０１３年、日露首脳と政府間の協議も進展した。２０１３年10月、インドネシア・バリで開催されたＡＰＥＣ首脳会談時、プーチン大統領は、安倍首相に対し、２０１３年前半の日露貿易高は、７・２％増となり、日本のロシアへの直接投資も増加していると言及した。２０１３年11月、東京では第１回外務・防衛閣僚級協議（「２＋２」）が開催され、日露両国は安全保障上のパートナーとして、幅広い分野で安全保障・防衛協力を進めることで一致した。さらに、２０１４年２月、ソチ冬季五輪開会式に出席した安倍首相は、経済交流の進展をプーチン大統領と確認した。

こうした両首脳の個人的な信頼関係の強化、外交・安保分野での二国間協議の段階的なステップアップに呼応して、日露間のビジネスも日本からの自動車、自動車部品、機械、プラントの単なる輸出といった従来のステージから、日本企業の直接投資を伴う形での現地生産、マーケティング等へ大きく移行する気運が高まっていた。

「地政学リスク」の顕在化

◉ロシアはやっぱり危ない？

そうした中、静かながらも確かな熱気を帯びつつあった日露間のビジネス交流に対し、冷や水を浴びせる事態が起きた。ロシアのクリミア侵攻、ウクライナ紛争、これに伴う一連の欧米経済制裁の発動である。さらに、欧米経済制裁とタイミングを合わせるかのように、２０１４年下期から油価は大きく下降し始めた。

計り知れないビジネス・ポテンシャルがありながらも伸び悩み続けてきた日露間のビジネス交流がようやく花開き、大きく具体化するきざしをみせ始めていた矢先、ロシアのクリミア侵攻やウクライナ紛争は、日本社会や日本人の潜在意識に巣くうロシアに対するネガティブな印象を思い起こさせ、助長してしまったといえよう。国際社会において予見できない振舞いを見せる横暴なロシア、その犠牲となるロシアのビジネス環境という構図への漠然たる不安があおられるような出来事であったともいえる。

◉ビジネスマンに必要な目――見過ごされてきたプーチンの戦略の多面性

ロシアのクリミア侵攻、ウクライナ紛争における介入について、主要先進国は、明らかな国際法違反であり、他国主権の侵害行為と主張した。しかしながら、ロシアの言い分としては、ケンカを仕掛けてきたのは、欧米であり、国際的な孤立を招いても護らなければならないものがあったということであろう。ロシアに居住して、プーチン率いるロシアの立振る舞いをウオッチしてきた筆者には、その背景にあるロシアの価値観や目標は一貫したものであり、決して場当たり的なものではないように思える。

そのロシア特有の価値観や目標に基づくプーチンの対外政策は、軍事力を基調としたハード・パワーの行使や米国大統領選挙への介入疑惑に代表されるサイバー攻撃といった点ばかりに焦点があてられるが、経済外交をソフト・パワーの概念に含めるのであれば、そのソフト・パワーを戦略的に展開することによって、相手国と多面的で耐性ある関係を現に創り出している。地政学的な要請から繰り出される安保・外交上のエゴは、経済的なアプローチによって巧妙に埋め合わせられているとも言い換えられよう。

対立ばかりではないというロシアの戦略の多面性は、経済制裁において、米国とEUの間に温度差があるというところからも見て取れる。中東では、シリアのアサド政権をめぐって親アサドのシーア派国家、反アサドのスンニ派国家が対立しているが、ロシアは、いずれの陣営とも経済外交を通じて、等しく良好な関係を維持し、米国に対抗するプレゼンスを獲得している。ロシアは、中国との関係強化を内外にアピールすることが多いが、中国にとってロシアが格下の国家とならないよう、日本との経済関係強化も重視する……。こうした側面は、ビジネスという視点からロシアを照らすことで一層、明らかに現れてくる。

次章では、ロシアのソフト・パワー、戦略的な経済外交の実態をくわしく取り上げたい。

1　欧州自動車製造協会（ＡＣＥＡ）ＨＰ参照。http://www.acea.be/statistics/tag/category/vehicles-per-capita-by-country

2　ロシアＡＵＴＯＳＴＡＴ ＨＰ参照。http://eng.autostat.ru/news/view/14390/

3　ロシアが債務不履行に陥った１９９８年の翌年は出生率１・１５７まで低下した。

4　本書では、「極東」の表記は、極東連邦管区の９つの連邦構成主体（サハ共和国、沿海地方、ハバロフスク地方、アムール州、カムチャッカ地方、マガダン州、チュクチ自治管区、サハリン州、ユダヤ自治州）を示し、「シベリア」のそれは、シベリア連邦管区のうち３つの連邦構成主体（イルクーツク州、ブリヤート共和国、ザバイカル地方）を示すこととする。

5　目黒祐志「ロシア市場の魅力、三井物産」（海外投融資情報財団（ＪＯＩ）２０１７年５月号）

6　外務省「海外在留邦人数調査統計」（平成28年10月１日時点）http://www.mofa.go.jp/mofaj/files/000260884.pdf

第2章

ロシアをめぐる地政学とプーチンの「経済外交」

地政学から見るロシア

◉地政学とは

これまで何度か使ってきた「地政学」という言葉について改めて説明しておこう。地政学とは、一般に、国の地理的な位置関係が政治や国際関係に与える影響を研究する学問とされる。ロシアについて言えば、歴史的に地政学的な事情に基づく安保・外交政策として、不凍港をめざす「南下政策」、「領土拡張政策」などが挙げられてきた。また、20世紀初頭の英国の地政学者ハルフォード・マッキンダーが提唱した「ハート・ランド（海洋からの影響が乏しいユーラシア大陸の中心に位置する地域）」は、ロシアを主に想定しているとされ、ユーラシア大陸の移動や物資の輸送手段の発達に伴い、海洋国家「シーパワー」に代わり台頭する勢力とされている。

ロシアは実に16もの周辺国と国境を接するため、細かくみていけば16通りもの地政学的な事情を抱えていると言え、その安保・外交政策は複雑である。さらにＩＴ技術・通信インフラが格段に進歩した現代においては、宗教、民族、その他のアイデンティティによる人々・グループの国境を超えた連携もより容易となっており、従来にはなかった要素も考慮する必要もある。学術的観点から、そうしたロシアの地政学的な戦略を個々に分析することは筆者の手に余る。ただ、クリミア侵攻、ウクライナ東部紛争、トルコとの抗争と融和、シリア空爆といった、近年の国際社会におけるロシアの立ち居振る舞いの背景にある国家基盤を構成するような価値観やロジックは、プーチン大統領の過去の言動や具体的な安保・外交政策を分析することで把握することができる。

◉「プーチンの国境線」はロシアより大きい？

ロシアに住み、プーチンの言動を見聞きしてきた筆者には、プーチンのロシアが何物にも代えがたいものとして最重要視する地政学的な価値観とは、次のように表現できる。「旧ソ連崩壊に伴う混乱により、ロシア連邦の周辺国に散り散りに取り残されてしまったロシア人＝『ロシア・ディアスポラ』の保護、ならびにこれらロシア・ディアスポラの存在や宗教的なアイデンティティ、歴史的経緯によりロシア的な要素が色濃く残る広域ロシア勢力圏の維持」

長年、米国名門シンクタンク・ブルッキングス研究所でロシア研究を続け、２０１７年

4月、トランプ政権下、NSC（国家安全保障会議）ロシア・欧州問題担当上級部長兼大統領副補佐官に就任したフィオナ・フィル氏は、著書『プーチンの世界――「皇帝」になった工作員』（新潮社、2016年）にて下記の通り記述する。

『ニューヨーク・タイムズ』紙の報道によれば、2014年3月、ドイツのアンゲラ・メルケル首相はバラク・オバマ大統領に対して「プーチンは別の世界に住んでいる」と語ったという。もしこの発言が「プーチンが欧米の指導者とは根本的に異なる見方を持っている」という意味だとすれば、プーチン自身もおおむね同意することだろう。（中略）ウクライナの問題の場合、ロシアと外界との関係の歴史のなかで繰り返されてきたように、今回も限界に達したのだとプーチンは主張した。ウクライナをEUへと誘い込むことで、西側諸国（プーチンは「西側のパートナー」と呼んだ）は一線を越えてしまった。ちょうど2008年、西側諸国がウクライナとグルジアの将来的なNATO加盟を約束して、一線を越えてしまったのと同じだった。連合協定を結んだ国々にとって、EUはNATO拡大の隠れ蓑でしかなかった。こうして、ロシアは耐えがたい立場へと追いやられたのである。いつもながらのプーチンの色鮮やかな言い回しを借りるなら、ロシアは限界までぎゅっと押しつぶされたバネのようなものだった。いつか、そのバネがものすごい力で元の位置へと戻るのは必然の成り行きだった。プーチンは自らの行動の正当性について、次のように説明した。クリミア併合はまったく正当な自衛策であり、西側諸国はロシアの反応を予測しておくべきだった。ウクライナやクリミア半島に何百万人ものロシア人が住むことを、「彼ら」は十分すぎるほど知っていたはずだ。そのロシア人たちが西側諸国の一部になりたいと思うはずがない。どういう結果になるかを予測できていなかったとすれば、「彼ら」は政治的な直感やバランス感覚を完全に失ってしまったとしか考えられない。（３２０～３２１頁から抜粋）

確かに、２００１年当時のクリミア統計によれば、クリミアに居住するロシア人は１１８万人で全体の58・３％を占め（ウクライナ人は49・２万人で24・３％）、ロシア語を母語とする人口は全体の77％を構成していた（ウクライナ語のそれは10・１％）。また、２００１年のウクライナ政府統計によれば、ウクライナ東部のドネツク市には全体の38・２％、ルガンスク市には同39％のロシア人が居住していた。そのほか、２００４年モルドヴァ政府統計は、モルドヴァに約37万人のロシア人居住者がいることを示す（全体の約９・３％）。ロシア系住民が多いモルドヴァのドニエストル川東岸の沿ドニエストル・モルドヴァ共和国は、ロシア軍の介入により、モルドヴァ中央政府の実効支配が及んでいない。２００９年ベラルーシ政府統計では、ベラルーシに78・5万人のロシア人居住者が確認されている（全体の8・3％）。ベラルーシは、安保・外交、政治・経済、宗教、言語といったあらゆる面でロシアと関係が深い。１９９９年にはロシアとベラルーシは連合国家協定を締結しており、同盟国以上の関係にある。

これら地域はロシア人居住率およびロシア的な要素の濃度が極めて高い地域といえる。プーチンの世界観では、周辺国の中でも、特にベラルーシ、ウクライナ東部、クリミア、モルドヴァ、カザフスタン等に居住し続けることを余儀なくされたロシア人同胞の存在が重視されている。実際、プーチン政権下、大統領府において重要な官房機能を担っている大統領特別代表というポストには「在外同胞支援」担当が設置されている。プーチンの頭の中にある国境線とは、自身が「20世紀最大の地政学的悲劇」と称したソ連邦崩壊に伴い、新たに引かれることを強いられた現在のそれではない。ロシア連邦の周辺国に住む同胞達をも包み込むように描かれるもう一つの「プーチンの国境線」が意識されているということなのである。

◉国内政策との連動

この世界観は、安保・外交政策を展開するにあたり、自国民の保護、既存権益の維持という形で現実化され、ロシア政府による好戦的な政策実行の拠り所となった。ロシア国防法（１９９６年度連邦法第61号「国防について」）は、２００９年11月の改正の際、「外国に居住するロシア国民の武力攻撃からの保護」を目的として、ロシア国外にもロシア軍を投入できるとの規定が盛り込まれ、ロシア系住民の保護とロシア国民の権利の防衛のためには、たとえ他国であっても介入することが正当化されている。[1] そして、そうした姿勢は、国威を発揚し、ロシア国民を愛国心というツールで束ね、プーチンの確たる指導力への支持を獲得するという国内治政上の循環に活用されてきた。ロシア勢力圏の維持をはかり、国民の支持を得ることは、今やプーチンがロシアを安定的に統治していくにあたって一つのタクティックス（tactics）ともなっているとも言えよう。

経済外交——プーチンの真骨頂

プーチンは、希代の戦術家であるが戦略家ではないと揶揄する専門家がある。これは、柔道黒帯であるプーチンは、その場その場の情勢や相手の出方に応じてとっさの判断を行い、効果的に切り返すことを得意としているのであって、包括的な戦略観を持っているわけではないとの分析である。ただ、近年のプーチン政権による安保・外交政策は、一極化した米国へゲモニーに基づく国際秩序にチャレンジし、より多極的な国際社会のあり方をめざすという明確な戦略観に基づいていると見るべきである。そして特筆されるのは、米国一強の国際秩序に挑む過程において生じるゆがみを、経済外交の巧みな展開によって補正している事実である。

◉プーチンはビジネスマン

プーチン大統領が、近現代史において最も有名な情報機関・秘密警察の一つであるソ連国家保安委員会（ＫＧＢ）出身者であることはよく知られている。しかしロシア大統領としての職業上のバックグラウンドが形成されたのは、ＫＧＢに見切りをつけ、政治家として頭角を現し始めた頃のことである。サンクトペテルブルグ市のサプチャーク市政下、副市長兼対外関係委員会のトップ（１９９２〜１９９４年）として独ドレスナーバンクや米コカコーラといった外資誘致等に成功し始めた頃といえる。

プーチンのロシアといえば、強面な安保・外交政策がハイライトされるが、一方でそのハード・パワーの行使は、ソフト・パワーともいえる経済外交と巧みにミックスされている。このハードとソフトの融合されたアプローチこそが、プーチンの対外政策の強さの真骨頂であり、米経済誌フォーブスがプーチンを「世界で最も影響力ある人物」（２０１３〜２０１６年、４年連続）とランキングする理由と考える。

ロシアの「東方シフト」政策

具体的な例をみてみよう。まず、プーチンの「東方シフト」、特に中国との経済関係強化である。

世界に衝撃を走らせたソチ冬季五輪直後の電撃的なクリミア侵攻は、明らかな国際法違反として、ロシアは国連総会決議により公然と非難され、G8から排除されるに至った。[2] 欧米、とりわけ米国との対立関係は冷戦終結後、最悪のものとなった。こうしてプーチンは、ロシア的な世界、言い換えればロシアの言う勢力圏をめぐる攻防に伴い、西側諸国の一角に加わり大西洋国家として台頭をめざす路線を完全に放棄した。

それ以降、プーチンは、多極的な国際秩序への再編を主導するユーラシア国家として、G7ではなくG20に国際的対話の軸足を移行させ、世界第2位の経済規模を有する中国との戦略的なパートナーシップを拡充することに専心する。西側にはハード・アプローチをとる一方、東側には秋波を送るロシアの「Pivot to Asia」——「東方シフト」政策である。

東方シフトは、圧倒的な規模と件数の経済的な合意（実現性を度外視したターゲットめいたものも含む）を重ねることで推進された。そうした合意は、プーチンと習近平、両国首脳が往来する都度、繰り返され、あたかも西側諸国に対し、世界経済の重心がユーラシア大陸に移動していることを誇示するかのようであった。

◉特別な相手、中国

１９９０年時点では、ロシアのＧＤＰは中国とほぼ同規模であったが、中国の急激な経済成長により、２０１５年時点で中国の名目ＧＤＰは、ロシアの8倍を超えている。Ｇ２とも表現される米国のもう一つの極として台頭する中国との戦略的パートナーシップは、多極的な国際秩序を志向するプーチンにとって死活的な重要性を持つ。また、互いの国家主権や領土保全について干渉しない中国との関係はプーチンにとって都合がいい。[3]

◉注目される中露のガスプロジェクト

近年、中国とロシアの間で合意された経済プロジェクトは、覚書段階のものも含めればおびただしい数となるが、象徴的なものとしては、２０１４年5月、プーチンがアジア相互協力信頼醸成措置会議（ＣＩＣＡ）サミットに参加するため上海を訪問した際、ガスプロムと中国石油天然気集団（ＣＮＰＣ）が締結した30年間にわたる長期ガス供給契約（３８０億立方メートル／年、約４０００億ドル）が挙げられよう。これに伴い、東シベリアから中国へ向かう「シベリアの力」ガスパイプライン（東ルート）の建設計画が本格化した。長年の懸案事項となっていたガス販売価格については、油価連動型の価格フォーミュラとすることで合意された。このガスパイプラインを通じた中国向けガス供給は、2019年12月から開始されることが約されている。

また、2014年11月に北京で開催されたアジア太平洋経済協力会議(APEC)の際、ガスプロムとCNPCは、西シベリアから中国に向かう「アルタイ」ガスパイプライン(西ルート)を建設し、30年間の長期にわたり、ガス供給(300億立方メートル/年)することを定めた覚書を締結した。この覚書を起点として、実現に至るかどうかは定かではないが、西ルートのガスパイプラインについても継続協議されている。これらにより、ロシアのガスパイプラインは、従来の仕向け先である欧州および中央アジアに加え、新たに中国に延伸することになる。

◉「ユーラシア・グレート・パートナーシップ」構想

元米国国家安全保障会議(NSC)補佐官で米国外交問題評議会のロバート・ブラックウィルは、「経済的手段を用いて地政学的な目標を追求すること」を「地経学」と定義しているが、多極的な世界秩序を中国との経済関係強化によって演出することがプーチンの地政学的な目標の一つとするのであれば、まさにこの「地経学」を地で行くものがある。

例えば、ロシアが周辺地域経済圏の統合を主導するユーラシア経済同盟（ＥＡＥＵ）が挙げられる。中国は、現代版シルクロード経済圏構想「一帯一路」を提唱するが、プーチンは、ＥＡＥＵを「一帯一路」に対抗する経済ブロックとするのではなく、２０１６年６月のサンクトペテルブルグ国際経済フォーラム以降、両者を連結させる「ユーラシア・グレート・パートナーシップ」構想を提唱している。

ＥＡＥＵは、ロシアに加え、ロシアへの経済的な依存度が比較的強い旧ソ連の国々であるカザフスタン、ベラルーシ、キルギスおよびアルメニアにより構成され、２０１６年のＥＡＥＵ加盟国間の貿易高は４２６億ドルで、ロシアによる加盟国への累積投資額は１９３億ドルとなっている。[4] その経済的サイズは、「一帯一路」構想が、２０１４年から２０１６年にかけて一帯一路沿線国との貿易額を3兆ドル超、中国による同沿線国への投資額を５００億ドル超と計画していることと比較すると、大きく見劣りするが、ロシアは、経済的連携を戦略的に進めるうえでの組織体としてＥＡＥＵを利用し、これをテコとして、ユーラシア大陸を舞台に中国の向こうを張る対等な経済的パートナーとして振る舞うことに成功している。

また、ユーラシア大陸をフィールドとする多極的な枠組みとして他にプーチンが活用しているのは、上海協力機構（ＳＣＯ）である。ＳＣＯは、中国、ロシアとカザフスタン、ウズベキスタン、タジキスタン、キルギスの中央アジア４ヶ国が２００１年６月に上海で創設し、当初は、旧ソ連諸国と中国の国境問題解決のための枠組みとされたが、現在は、安全保障、テロ対策に加え、経済統合の促進も含む総合的な地域協力組織に発展している。

ＳＣＯは、２０１７年６月、インド、パキスタンが正式加盟したことで、加盟国の総人口は30億人を超え、世界の４割を占めるに至った。２００５年からオブザーバー参加が認められているイランも将来、正式加盟することになれば、ＳＣＯは、アジアから中東までカバーする巨大な国際機構となり、ユーラシア大陸において、国境紛争、宗教間対立、テロ、核拡散といったさまざまな地政学上のリスクにさらされている各国にとっては、安全保障上の保険として機能する可能性がある。プーチンは、「ユーラシア・グレート・パートナーシップ」構想を推進させる受け皿として、ＳＣＯを活用することを主張している。そして、その行動を通じて、プーチン自身が、ユーラシア大陸で進行する多極的な国際秩序の構築を主導し、融合を促しているとのメッセージを西側諸国に発信しているのである。

シリア空爆と中東諸国への経済外交——強力なツールとしての原油・原子力・金融

次に目をロシアにとっての南方、中東に移す。プーチンによる戦略的な経済外交は、中東地域でも遺憾なく発揮されている。

２０１１年3月以降、泥沼化するシリア内戦により、欧州は、急増する難民・移民問題に手を焼き、拡散するテロになすすべがないように見えた。米国もシリア内戦に歯止めをかける手立てを失いかけていた。そんな頃、２０１５年9月にプーチンは絶妙のタイミングでシリア空爆を電撃的に開始する。

◉シリア軍事介入の狙い

従来盟友関係にあったアサド政権を支え、既存のロシア軍事拠点であるフメイミーム空軍基地（シリア北西部ラタキア近郊）とタルトゥース港ロシア海軍基地（地中海沿岸）を維持することは、ロシア勢力圏防衛を重視するプーチンの地政学的な価値観からすれば違和感のない行動ではあった。また、アサド政権が崩壊することにより、ＩＳ（イスラム国）をはじめとするイスラム過激派がシリアに跋扈し、チェチェン共和国周辺を介してロシアに流入するというロシア治安当局の危惧も大きかったとされる。

ただ、あれだけの大規模空爆を第三国で連日展開した理由が、ＩＳ征討だけとは考えられない。真の狙いは、シリア内戦に直接軍事介入することで、クリミア併合・ウクライナ紛争に伴う国際的孤立から逃れ、米国とロシアの二大勢力がシリアをめぐる国際情勢を操っているかのような展開に持ち込むこと、さらには、シリア和平協議プロセスを主導し、シリアにおける影響力を維持することにあったと分析できる。

◉一変したシリア情勢とイスラム各国との関係

かくしてシリア内戦は、アサド政府軍（ロシア、イラン、レバノン・ヒズボラが支援）、自由シリア軍等の反政府諸派（トルコ、サウジアラビア、カタール、欧米諸国が支援）、クルド人民防衛隊（ＹＰＧ）・シリア民主軍（ＳＤＦ）（米国、ロシア、フランス等が支援）、ＩＳ、アルカイダ系タハリール アル・シャーム（前アル＝ヌスラ戦線）等による各勢力が入り乱れる複雑な代理戦争の様相を呈した。

ロシアは、イスラム・シーア派国家イランとの二国間関係が伝統的に強く、イランと連携するシリア・アサド政権を大規模に支援することになったため、シーア派と対立するスンニ派が多数を占め、反体制諸派を支援するサウジアラビア、カタール、トルコといった中東諸国とは間接的な対立関係に入った。特にロシアは、クルド勢力ＹＰＧ・ＳＤＦをも支援したことから、クルド勢力台頭を忌避するトルコとの関係は難しいものとなった。

◉全面対立を避ける経済のパイプ

しかしアサド政権支援、シリア空爆により生じたスンニ派中東諸国との間の軋みは、巧みなプーチンの経済外交を通じて修復されてきた。その具体的な中身は、ＯＰＥＣを通じた原油減産調整であり、原発プロジェクトであり、金融分野での経済的取引の拡大である。

――原油減産調整

２０１６年12月、ＯＰＥＣ加盟国10ヶ国と非ＯＰＥＣ11ヶ国の合計21ヶ国が原油の減産に合意した。この21ヶ国の原油生産量は、実に世界全体の6割を占めることから、かつてない規模の減産合意が実現したといえるが、これを主導したのは、ＯＰＥＣ加盟国を取りまとめるサウジアラビアのファリハ・エネルギー産業鉱物資源相と非ＯＰＥＣ国を代表するロシアのノヴァク・エネルギー相の連携である。両者は、原油の余剰を市場から取り除くことをゴールとし、市場の状況を見極めつつ、定期的に協議を行っている。このロシアとサウジアラビアによる原油減産合意は、両国がシリアでは事実上の代理戦争を展開しているにもかかわらず、経済関係をはじめとした対話の道を開く効果があったといえる。

――原発輸出

原発建設計画でも、ロシアは中東諸国の電力インフラ整備に入り込む形で経済関係の深化、ひいては相手国のエネルギー安全保障上の要を握ることを狙っている。その戦略的ツールとなるのがロシア国営原子力企業ロスアトムである。

ロスアトムは、その傘下の子会社群を含めると、ウラン鉱山開発、核燃料加工、濃縮、原子炉製造、原発建設、運用、核廃棄物処理を含む周辺インフラ整備といった上流から下流に至る一貫サービスが提供可能な、世界でも最大規模の原子力グループである。また、原子力輸出という国家が推進するプロジェクトを行うにあたり、ロシア政府の外交的サポート、ロシア政府が主導するファイナンスのアレンジ、人材育成、改修リハビリ、ＢＯＯモデル（Build, Own and Operate＝建設・所有・運営の略で、事業請負者が契約期間終了後も土地や施設を保有・使用することが可能）の提案等、その総合的な国際競争力は高い。

サウジアラビアとは、２０１５年6月、原子力の平和利用分野での政府間合意書を締結しており、各種報道によれば、ロスアトムは、原子炉16基の建設をサウジアラビア政府に提案している。その他中東地域においても、ロスアトムは、イラン・ブシェールにてロスアトム原子炉ＶＶＥＲ（ロシア製加圧水型原子炉（ＰＷＲ））を稼働させており、イランでさらにもう1基を建設中、トルコ・アックユ、ヨルダン・ザルカ、エジプト・ダバアでも原発建設に係る基本合意書が締結されている。

――金融

金融分野では、ロシアの国営戦略ファンドであるロシア直接投資基金（ＲＤＩＦ）の活躍が目覚ましい。ＲＤＩＦは、２０１１年に設立された比較的新しい組織であるが、近年、精力的に世界各国の政府系ファンド等とのネットワークを拡充している。

中東地域では、アラブ首長国連邦（ＵＡＥ）Mubadala、クウェートKuwait Investment Authority（ＫＩＡ）、カタールQatar Holding（Qatar Investment Authority（ＱＩＡ）の投資専用子会社）、バーレーンMumtalakatなどの中東政府系ファンドとともに共同投資の枠組みを構築し、インフラ、通信、物流、サービス等、ロシアでのさまざまなプロジェクトに対する共同投資を実現している。

サウジアラビアPublic Investment Fund（ＰＩＦ）ともパートナーシップ関係にあり、共同投資プロジェクトに関する情報交換等が積極的に行われている。２０１５年6月、サルマン副皇太子兼国防相（現皇太子）が訪ロした際、サウジアラビアＰＩＦは、ロシアＲＤＩＦと、ロシアのプロジェクトに最大１００億ドルの投資を行うことを約した合意文書を締結している。このようにロシアとサウジアラビア両国要人が往来する都度、ＲＤＩＦはサウジアラビアとの経済プロジェクト促進をはかる触媒として機能し、安保・外交関係を取り持つ重要な役割を果たしてきている。

◉巧みにバランスを保つトルコとの関係

シリア・アサド政権と犬猿の仲であるトルコに対するロシアのアプローチについても、特に取り上げたい。

ＮＡＴＯ加盟国であるトルコは、歴史的にはロシアの南下政策に対する防波堤としての地政学的役割を担ってきた。ロシアとの関係は常に複雑な経緯をたどってきたが、現在、総じて言えば、プーチンは、エネルギー供給国としての立場を利用しつつ、トルコ・エルドアン大統領をうまく懐柔していると言えよう。近年、ロシアのシリア空爆開始以降、ロシアとトルコの二国関係は、極度の緊張状態から協調関係までせわしなく行きつ戻りつしたが、最終的には経済的な繋がりが、プーチンとエルドアンの関係を下支えしている。

――戦闘機撃墜事件による経済戦争

２０１５年11月24日、トルコ・シリア国境付近で、ロシア戦闘機がトルコ軍に撃墜される事件が発生した。トルコ側は、ロシアが領空を侵犯したことによる偶発的なものと主張したが、周到に準備されたロシアへの威嚇行為という見立てが一般的であった。ロシアは、トルコがテロ組織に指定するトルコ・クルディスタン労働者党（ＰＫＫ）と連携するシリアのクルド勢力ＹＰＧ・ＳＤＦを支援していたからである。[5]

自国の戦闘機を撃墜されたプーチンは、「背中から刺された」と不快感を露骨に示し、２０１５年12月の年次教書演説では、トルコとＩＳの不透明な石油取引にあからさまに言及し、口を極めてトルコを非難した。トルコとの関係は一気に冷却し、ロシアは２０１５年11月と12月、17品目の農産物（主にトマト、ブドウ、ひまわり種、柑橘類）を含むトルコ物資の禁輸、建設等のロシア政府調達案件からのトルコ企業の排除、ロシア企業によるトルコ人の雇用禁止、査証免除の凍結、トルコ向けチャーター便のキャンセル、トルコストリーム・ガスパイプライン建設プロジェクトのキャンセル等からなる経済制裁パッケージを発動した。このうちトルコにとって打撃であったのは、農作物・食品の禁輸、ロシア人観光客の激減、トルコ建設企業（エンカ、ヤピ、ルネサンス）の活動制限とされる。

トルコ向けに多額のエクスポージャー（出融資・保証の与信総額）を有する欧州復興開発銀行（ＥＢＲＤ）は、ロシアの経済制裁が２０１６年末まで継続した場合、トルコ経済に生じるマイナスの影響は、トルコＧＤＰの０・３〜０・７％と試算したが、２０１６年末を待つことなく、同年６月、トルコ・エルドアン大統領が書簡にて謝罪することで二国間関係は急転直下、修復された（なお、トルコ側はロシア戦闘機を故意に撃墜する意図はなかったとした）。

エルドアン大統領は、国内で相次ぐテロと難民問題に揺れる中、内政に注力する必要が生じている。シリア情勢についてもクルドをめぐる取扱いで対立するものの、シリア情勢の帰趨を握るロシアと一定の協調関係を構築することが得策との計算が働いたとされる。また、ロシアによる経済制裁のインパクトが相応に大きかったのも事実であろう。

——対立に勝った経済の絆

これに加えて、見過ごしてならないのは、両国を結ぶガス取引の重要性である。2015年上期、ロシアのトルコ向け輸出商品構成は、エネルギー70・8％、金属・金属製品15・2％、農産物・食品6・8％、化学品5・4％[6]となっており、実に7割がガスプロム産のガス輸出によって占められている。トルコは、黒海海底ブルーストリームパイプラインを軸にロシア産ガスを輸入しており、その依存率はガス輸入量全体の6割を超える。注目すべきは、このガス取引が、終始一貫してロシアによる経済制裁の対象とされることはなかったことである。ロシア産ガスは、トルコにはエネルギー安全保障上の生命線である一方、ロシアにとってみれば、トルコは欠かすことのできないガス輸出市場であった。経済的な紐帯への共通認識が両国政権幹部にあることは間違いない。

かくして、2016年10月、トルコ・イスタンブールでの両国首脳会談にて、トルコストリーム・ガスパイプライン建設計画の再開や農産物の禁輸措置の一部解除等が合意され、翌2017年5月、ロシア・ソチでの両国首脳会談をもって、トルコからのトマト輸入と全般的な査証免除以外のすべての経済制裁が解除されることが決定された。

——トルコストリーム・ガスパイプライン

トルコストリーム・ガスパイプラインは、黒海海底を横断する1系列あたり容量15・75ｂｃｍ（157・5億立方メートル）のパイプラインを2系列建設するという壮大なプロジェクトである（パイプラインの全長939㎞、総工費114億ユーロ）。2017年6月、ガスプロムは、1系列について、起点となるロシア・アナパ沖にて黒海海底部分の建設を開始し、2018年1月時点ですでに50％の建設を終え、2019年12年の稼働開始を計画しているとされる。

そもそもトルコストリーム・ガスパイプライン計画は、ウクライナを迂回して欧州・トルコ市場にガスを安定供給することを目的として着想されたサウスストリーム・ガスパイプライン建設プロジェクト（全4系列のガス輸送容量63ｂｃｍ）の途絶に端を発する。サウスストリーム・ガスパイプラインの相手側であるＥＵは、2014年4月から本格化したウクライナ紛争によって消極的となり、業を煮やしたプーチンが、2014年12月、訪問先のトルコ・アンカラにて突如としてサウスストリーム・ガスパイプラインプロジェクトの撤回とともに新たにトルコストリーム計画を発表したのである。

ＥＵ、トルコ、ロシアを取り巻く環境の変化により、パイプライン建設に携わる民間企業は翻弄されることになったが、プーチンのロジックから言えば、トルコとはクルド、

ＩＳ等をめぐり複雑化する安保・外交上の課題を抱える一方、エネルギー取引に関する紐帯を維持・強化することで巧みにバランスをとりながら関係を維持していることになる。

ロシアのエネルギー外交――ＥＵとの関係が崩れない理由

プーチンが主導するロシアのエネルギー外交は、実は、安保・外交上、対立関係が継続しているＥＵとの関係においても、多面的な関係を維持する上で一役買っている。

２０１４年３月から２０１５年８月にかけて、ロシアによるクリミア侵攻・編入からウクライナ東部軍事介入へと情勢が進行するのに応じて、ＥＵは、米国と連携しつつ経済制裁をより厳しい内容へ段階的に強化していった。この期間は、米国とＥＵが対露制裁でほぼ一枚岩になっていた時期である。

◉乱れた米国とEUの足並み

その後、トランプ政権が誕生し、いわゆる「ロシア・ゲート」（米国大統領選挙時のロシアとの共謀疑惑）をめぐって、トランプ大統領と議会の対立が先鋭化すると、２０１７年8月2日付けで対ロシア制裁強化法が制定されるに至った。この対ロシア制裁強化法は、EUと十分なすり合わせがなされないまま制定されたと言われており、EUの利益とは相反するものとなった。

特に、ロシアのエネルギー輸出パイプラインの建設に関する投資または物資・サービス等の提供を行った企業・個人（外国企業・個人を含む）に対する制裁措置については、ロシアとEUが検討していたノルドストリーム2・ガスパイプライン（ロシア・ヴィボルグからバルト海底を経由してドイツ・グライフスヴァルトに向かう全長１２００㎞のガスパイプライン建設プロジェクト）の進捗への悪影響が懸念された。

欧州のドイツ・ガブリエル外相とオーストリア・ケルン首相は、２０１７年7月15日、この制裁規定をめぐって異例の共同声明を発表し、公然と米国を非難した。欧州委員会のユンカー委員長も同26日、「欧州委員会の懸念が十分に考慮されなかった場合、数日のうちに適切な行動を取る準備がある」との緊急声明を出した。

ここにおいて、２０１４年3月のロシアのクリミア侵攻以降初めて、米国とＥＵの対ロシア制裁に関する方針が明確に対立した。このＥＵの反発により、ロシアのエネルギー輸出パイプライン建設に関する制裁措置の発動にあたっては、ＥＵを念頭におく「同盟国と協調して」という文言が挿入されることになり、米国大統領が制裁を「科すことができる」とする任意制裁の位置づけとされた。だが、この制裁措置を含む対ロシア制裁強化法の制定以降、米国の対ロシア制裁にＥＵは必ずしも追随していない状況が継続している。

◉ガスがつないだ欧露関係

そもそもこの米国とＥＵの見解の違いの背景には、ＥＵのロシア産ガスへの依存が挙げられる。２０１５年のＢＰ統計によれば、欧州のガス消費量全体（４０２・１ｂｃｍ）に対しロシアからのガスパイプラインを通じて供給されるガス（１５９・８ｂｃｍ）は約40％を占めている。特にバルト三国やブルガリア、チェコ、スロバキアといった東欧諸国のロシア産ガスへの依存度は90％前後であり、依然として非常に高い。

ガスプロムが安定供給する価格競争力に優れるガスは、ＥＵ産業の基盤を支えてきた側面があり、それへの信頼感は、日本ではなかなか把握しづらいが、ＥＵ経済界の肌感覚として強いものがある。とりわけ脱炭素化や脱原発政策がＥＵ全体として推進される中、二酸化炭素排出量の少ないガスの安定調達の重要性は、さらに増しているといえる。

こうした事情により、もともとＥＵは、石油企業とは異なり、ガスプロム、ノヴァテックといったロシアのガス企業に対しては、長期の新規融資を禁止するといった金融制裁を科してこなかった。

ロシアの西シベリア等からドルージヴァ等の基幹ガスパイプラインを経由し、欧州向けに輸出されるガス取引は、冷戦下、旧ソ連時代から脈々と継続されてきたものであり、この欧州とのガス取引は、クリミアとウクライナをめぐり、ロシアとＥＵの緊張関係が継続している状況にあっても、両者の経済関係の基礎として機能している。それは、厳しい対ロシア制裁を続行するＥＵとの関係において、安保・外交上のイシューにより緊張が屹立したとしても、経済ファクターを通じて多面的な関係を維持することを可能とするプーチン経済外交の戦略性を映し出しているといえよう。

1 小泉悠『プーチンの国家戦略――岐路に立つ「強国」ロシア』（東京堂出版、2016年）、108-111頁。

2 2014年2月28日、ウクライナは、「ウクライナの領土保全を脅かすクリミア自治共和国における状況の悪化」を事由として、国連安全保障理事会（安保理）緊急会合の開催を求める訴状を提出した。これを受け、3月15日、安保理会合が開催され、住民投票を認めないよう国連加盟国に要請する安保理決議案が採決されたがロシアの拒否権行使により否定された。しかし、3月27日、この安保理決議案と趣旨を同じくする国連総会決議68/262が採択された（賛成100、反対11、棄権58（欠席24））。

3 中国は、2014年3月15日のクリミア住民投票を無効とみなす国連安保理決議について中立的な立場をとり棄権に回った。ロシアの代表的な外交専門家・国際政治学者のトレーニン氏は、「（中国とロシア）両国は、戦略的自律性、国家主権、領土的一体性の擁護については極めて敏感である。さらに両国はそれぞれ自国の国益を実利的に追求しており、グローバル政治の中でより高い地位を得ようと努めている。両国関係において顕著なのは、紛争につながりかねない深刻な摩擦を注意深く回避していることだ」と分析している。（ドミートリー・トレーニン『ロシア新戦略――ユーラシアの大変動を読み解く』（作品社、2012年）230-233頁）

4 Eurasian Development Bank Center for Integration Studies レポート "Eurasian Economic Integration 2017" 9、59頁。

5 なお、ロシアは、シリア・クルド民主統一党（PYD）（PKK分派組織）がモスクワに代表部を開設することを承認し、2016年3月にシリア北部クルド勢力が実効支配するシリア北部3地区を統合する

「自治政府」の確立を宣言したところ、これを容認している。これに対し、トルコは領土保全を脅かす行為として反発している。

6 服部倫卓「険悪化するロシア・トルコ関係」『ロシアNIS調査月報』（2016年1月号）、98頁。

第3章

地政学から見る日露関係と極東開発

次に、日本はどうであろうか。地政学的な視点からは、日本はプーチンにとってどのような存在なのか。またその認識を踏まえた日本へのアプローチはどのようなものとなっているのか、見ていきたい。

プーチンは日本をどう見ているか

◉プーチンと北方領土問題

２０１６年12月、請われて訪日したプーチン大統領は、共同記者会見の場で日本の記者から日本との平和条約締結の展望について問われて、次のように答えている。

まず、サハリン島、千島列島をめぐる両国間の領土問題の経緯についてくわしく触れ、これら領土に関する歴史的なピンポン（度重なる領土変更のこと）を止める必要があると述べた。その一方、ウラジオストクを基地とするロシア艦船が太平洋に出るルートが確保される必要があることや、米国ダレス国務長官の最後通牒（いわゆる「ダレスの恫喝」）

に触れつつ、領土を返還した場合、日米安保条約の枠内において構築され得る将来の展開（ロシアにとっては懸念）に言及した。

国後島と択捉島の間には、水深が400メートルにおよぶ「国後水道」があり、ロシアがオホーツク海に展開させる原子力潜水艦が太平洋に出るための経路となっているが、日米安保条約第5条の適用により、日本の施政権（立法・司法・行政の三権を行使する権限）がおよぶ地域には、米軍基地が建設可能となる。ロシア側は、北方四島にて、将来その可能性が排除されないことを危惧するとしたのである。

◉地政学から見た北方領土

オホーツク海は、地政学上極めて重要な「マージナル・シー」と位置付けられる。米国の軍人で学者のアルフレッド・マハンは、英国の地政学者ハルフォード・マッキンダーの「ハート・ランド理論（ユーラシア大陸の中心たるハート・ランドを制したものが世界の覇権を握るとの考え方）」と対照的に、「ワールド・シー理論（太平洋や大西洋等の世界の主要な海洋を支配するものが世界を制するとの考え方）」を唱えたが、この理論は、海洋の縁海（えんかい）に重きを置くマージナル・シーという考え方に発展した。近代において、マージナル・シーを押さえることが、ハート・ランド周辺地域（リム）を制することに繋がるため、安全保障上、特に重要視するという考え方である。

縁海とは、大陸周辺の海で、大洋の一部が島、列島、半島に囲まれ、部分的に閉じた海のことを指し、日本周辺では、ベーリング海、オホーツク海、日本海、東シナ海、南シナ海といった縁海が北から南に連なっている。その重要性は、中国が、東シナ海の尖閣列島や南シナ海の南沙諸島の領有権を強引に主張していることからも読み取れよう。ロシアについて言えば、オホーツク海からベーリング海に至るまでの制海権を維持することは、安保・外交政策上、重要性が高い。

◉国境画定を重視するプーチン

しかしこのようにロシア側の危惧に言及したものの、プーチンは、日本との領土問題の解決に関心がないわけではまったくない。むしろ、プーチンは、歴代のロシア指導者の中でも、国境紛争の解決に最も積極的に取組んできた。大陸国家ロシアにとって国境が画定していないことは、安全保障上、不安定性を増幅させるとの考えから、2004年頃より、プーチンは、次々と周辺国との間の国境を画定させてきた。その手法は、中国（大ウスリー島）、カザフスタン、ノルウェー（バレンツ海）に見られるように係争地を等分して決着を図ることが多い。２００８年のグルジア戦争や２０１４年以降のウクライナ紛争によって生じた国境紛争を除けば、ロシアにとって、歴史的な経緯により国境が未画定となっている隣国は、もはや日本のみという見解がある。

◉プーチンが日本に望むこと

さらにプーチンは、１９５６年日ソ共同宣言では、平和条約締結の後に、（北方領土のうちの）二島の日本への返還を想定しているとした上で、次のように続けた。

「安倍総理から提案のあった（北方四島での「共同経済活動」に関する）プランの方向性に向かって正しく歩みを進めれば、これを基礎に平和条約に関する最終的な解決を達成し得るような条件を形成する」

「もし誰かが、我々が関心を有しているのは経済関係の構築だけであり、平和条約を後回しにすると考えているのであれば、それは違う。自分（プーチン）の考えでは、最も重要なことは平和条約の締結であり、なぜならばそれは、歴史的展望、中長期的な展望に立った長期的協力のための条件を創設するからである」

「日本は70年間、ロシアとの協力、深い協力なしに生き、我々も生きてきた。我々は今後もそのように生きることができるであろうか。できる。しかし、これは正しいのであろうか。いや正しくない。なぜならばもし我々が努力を結集すれば、我々の国々の経済の競争力は何倍にも拡大する。我々はこれをめざさなければならない」[1]

生き馬の目を抜くような国際政治において百戦錬磨のプーチンが、簡単に日本に譲歩するようなことはあり得ないと、日本では一般に考えられている。ただし、プーチンが、目に見えない経済的な損失を憂えているのは確かである。これは、両国間に領土問題が横たわり、平和条約が未締結であることによって生じてきた、心理的なものも含む大きなマイナスの効果——特に経済的な交流を阻害する負の影響は、平和条約締結によって速やかに払拭されるべきであるというプーチンの思いに拠っている。

重要性を増す日本と極東開発

さらに、近年、ロシアにとっての日本は、地政学上、中国への過度の傾倒を回避するためのバランサーとしての役割とともに、極東開発上のパートナーとして戦略的な重要性を増している。

◉ロシアの切り札となりうる日本

プーチンにとって、日本との関係は、欧米先進国やG7の日本以外の国との関係に比べて特異な事情を持つと言える。

ロシアは、モスクワ、サンクトペテルブルグを中心とする「ロシア西方」において近代化を果たしてきた経緯があるが、その歩みに取り残された「ロシア東方」（シベリア、極東）については、西方とは別の地政学的な価値観と戦略を有している。クリミア編入・ウクライナ紛争を契機として欧米と決別したロシアは、「東方シフト」の文脈から中国との戦略的な関係強化に邁進していることは第2章で解説した。世界第2位の経済規模を有し、4300㎞の国境を接する中国を敵に回すという選択肢は、もはやロシアにとって考えられない。他方、長期的な観点から見れば、予期せぬ事象をめぐり中国共産党指導部との関係が停滞する場合に備える必要もある。そうした中、ロシアの中国への従属化、ジュニア・パートナーに成り下がる展開を回避するため、「ロシア東方」に位置するもう一つの大国である日本の重要性が浮上してくる。

クリミア編入・ウクライナ紛争により欧米との協調路線を放棄しG8から離脱したロシアに対し、日本政府は、一貫してG7の一角を構成する大国として、欧米と協調しつつ、事態収拾に向け建設的な対応を促す立場をとってきた。そして、これと並行して、安倍首相は、領土問題の解決と平和条約締結に向け、積極的なロシア外交を自らのイニシアティブにて推進した。

そのイニシアティブは、8項目の協力プランにて両国の経済的紐帯を深め、両国の信頼関係を醸成しつつ、北方四島での「共同経済活動」を推進する対応を柱としている。プーチンは、複雑な国際情勢下、米国や欧州との関係を維持しつつ、長期的な視点にたって、重要な隣国ロシアとの前向きな関係を取り戻そうとする安倍首相を「傑出した政治家」として高く評価しているとされる。安保・外交のみならず、経済、社会開発といった切り口から多面的で耐性ある二国間関係を構築することは、プーチンが世界各国との間で繰り広げている戦略的な経済外交のお株を奪うかのような日本のアプローチとも表現できる。

◉ロシア極東とは

そして、「ロシア東方」におけるもう一つの重要な地政学上の戦略は、極東開発である。ユーラシア大陸北東部を占めるロシア極東は、あまりに広大であるため、歴代のソ連・ロシア政府も開発上持てあますところがあった。中国と長大な国境線で接するその地理的な位置関係により、常に中国の経済および人的流入を通じた浸食の脅威にさらされてきた。遼寧省・吉林省・黒竜江省の中国東北三省の人口は、１・２億人程度とされる一方、ロシア極東の人口はソ連崩壊以降、減少の一途をたどり、現在のロシア人居住者は約６２０万人（２０１８年）に留まる。

◉対中関係の最前線

筆者は、中国との国境線を形成するアムール川左岸にあるアムール州の州都ブラゴヴェシチェンスク（人口21万人程度）を訪問したことがあるが、その街並みからは、川向うに中国があるとは思えないほど、意識的に中国色が消されていた。

ロシアは、一般に、その領域内にいわゆるチャイナ・タウンを作らせないし、中国人が専有する市場が一時的に形成されても取り壊すことを常とする。国を束ねる愛国心の観点からも、地政学的な観点からも、ロシア極東の領土保全は緊張度の高い課題である。ロシアにおいて膨張する中国への潜在的な警戒心は根強いものがある。互いの自律性や領土的一体性について干渉しないことを前提にして、戦略的なパートナーシップ関係を深耕しているものの、ロシアの中国に対する感情は、警戒心と戦略的な友好関係という相反する二つがない交ぜとなっている。

◉北朝鮮リスク

加えて北東アジア一帯については、強硬にミサイル開発・核実験を進めてきた北朝鮮・金正恩政権への不安もある。ロシアと北朝鮮の国境はわずか17㎞であり、北朝鮮の体制が崩壊した際の難民流入による混乱は中国に比較して限定的とされるが、極東・シベリアにて森林伐採や建設に従事させるため4万人とも言われる北朝鮮労働者をすでに国内に抱え込んでいる。また、核武装した北朝鮮が万が一、暴発するようなことがあれば、ロシア極東も戦乱に巻き込まれることになる。

◉ここでも重要な日本

こうした中、浮上してくるプーチンの発想は、内政にあっては、中国、朝鮮半島情勢に対峙しうるためのロシア極東地域の社会経済的な発展であり、外交にあっては、中国への過度の傾倒を回避するための日本との関係強化、特に極東開発における日本との経済協力の深耕である。

前章で述べたことを思い出していただきたい。ここでもプーチンは、世界経済の重心をユーラシア大陸に移動させるという大きな地経学的な動静の下、極東開発に関する経済施策の推進という解により、内政上の要請と外交上の課題に対処しようとしている。

プーチンの極東開発戦略と日本の経済協力

以降、プーチンが推進する極東開発戦略とそれに呼応する形で進展する日本の経済協力の現状と展望について、くわしく見てみたい。

◉経済に強いプーチン

プーチンは、実は経済に強い大統領である。ソ連崩壊後の１９９０年代、低迷を続けたロシア経済は、油価上昇という追い風もあったが、２０００年以降プーチン大統領のイニシアティブにより、石油・ガスセクターを主軸とする国家統制色の強い経済体制により復調した。一人当たりＧＤＰは、２０００年ではわずか１９０５ドルであったが、２０１４年は、１万４３８８ドルへ大きく伸長した。２００６年にはパリクラブ債務を前倒しで完済した。ロシアの過去の指導者が十分成し遂げられなかった極東シベリア開発についても、プーチン大統領は、「21世紀の国家的プライオリティ」（２０１３年12月年次教書演説）と位置付け、画期的な実績を残そうとしている。

◉極東開発の現在地

豊かな資源に恵まれる一方、モスクワの連邦政府から遠く離れているため、中央の管理体制が十分行き届かなかった極東地域は、１９９０年代、汚職が蔓延しマフィアが跋扈した。プーチンは、連邦政府の監督と威光を浸透させる必要から、全国７つの連邦管区のうちの一つとして「極東連邦管区」を設置し、極東連邦管区大統領全権代表ポストを新たに設置した。また、２０１２年５月、プーチン自身の大統領再選（第２期目）に伴い、極東発展省が新設され、同年９月のウラジオストクＡＰＥＣ首脳会議の開催にあたっては、ＡＰＥＣ会場となったルースキー島の開発、同島への架橋、金閣湾への架橋およびウラジオストク空港改修といった市内の大規模なインフラ整備が目を見張る勢いで進められた。

直接投資を極東に呼び込むための施策も、近年、従来にないスピード感をもって推進されている。例えば、トルトネフ副首相兼極東連邦管区大統領全権代表、ガルシカ前極東発展相は、税制上の優遇措置、電気等のインフラ提供、簡素化された許認可取得等のメリットが得られる先進特別経済特区（ＡＳＥＺ）（ロシア語略称はＴＯＲ）ならびに自由港制度を導入した。

ただし、ＡＳＥＺへの入居企業２０９社のうち、日本企業は６社、自由港への入居企業３８２社のうち、日本企業は３社に留まり（２０１７年11月末時点）、入居企業のほとんどはロシア企業である。日本企業を含む外国企業は、依然として勢いをもって極東に入ってきているとは到底言えず、ＡＳＥＺや自由港による外資導入の効果も今後の成果を待つ必要がある。

◉東方経済フォーラム

それでも、目下、トルトネフ副首相と極東発展省は、そのリーダーシップにより、周辺国を巻き込んだ極東開発に向けた機運を高めることに確実に成功している。中でもウラジオストク・ルースキー島の極東連邦大学を会場とする「東方経済フォーラム」は、年々充実してきており、2015年9月に第1回フォーラムを、運営上の混乱はあったものの、何とか成功させると、2016年9月の第2回は、日本・安倍首相、韓国・朴大統領、2017年9月の第3回では、日本・安倍首相、韓国・文大統領、モンゴル・バトトルガ大統領を招聘し、ロシアと極東開発についての二国間協議はもちろん、域内横断的な経済開発や北朝鮮をめぐる協議が首脳間でなされた。2017年9月の参加者は60ヶ国超、6000名にまで膨らみ、今や「東方経済フォーラム」は、北東アジアでは最大規模の国際経済イベントとなりつつある。

この東方経済フォーラムもそうであるが、プーチンは、外国政府要人や外国企業トップを巻き込んだ国際経済フォーラムの開催を好む。プーチン自らが主導するサンクトペテルブルグ国際経済フォーラムをはじめとして、ソチ国際投資フォーラム、クラスノヤルスク経済フォーラム、国際北極圏フォーラムと、毎年、ほぼ4半期に一度の頻度で大きな経済フォーラムが開催・運営されている。これらフォーラムへの参加料金は外国人も含めて非常に高額であるが、ロシア政府やスポンサーとなる国営企業の資金的な負担も相当額におよぶと推定される。それでも、この国際経済フォーラムが続けられる理由は、プーチンの経済外交上のツール、ならびに国威発揚の手段として機能してきた側面があるからである。また、国家が主導する経済体制のロシアでは、国営企業を動員することが容易という背景もある。

一方、これと事情を異にする日本の民間企業は、国が主導する国際経済フォーラムについては、是々非々で付き合い方を判断する。取組んでいるビジネスを後押しする効果があれば、その機会を利用するし、そうでなければ関係ないことになる。この対応は、経済合理性に適っており、妥当である。ただ、ロシア側のパートナーが国営企業である場合、こうした国際経済フォーラムの機会に、各契約締結を宣伝しようとするし、それがプロジェクトの進捗を確認する覚書である場合は、関係政府の要人にプロジェクトを認識させることにより、政府の側面支援を通じてプロジェクトをスムーズに進捗させる効果を狙う。こうした経緯により、日本の民間企業は、好む、好まないとを問わず、ロシアの国際経済フォーラムに付き合う機会がでてくることになる。

日本は極東開発のパートナーとなれるか

このプーチンの取組む極東開発に呼応するかのように、安倍首相はロシアへの経済協力を前面に掲げ、ロシア向け経済外交を積極的に展開している。ロシアとの互恵的なビジネス拡大によって醸成される両国の信頼を強固なものとし、領土問題の解決・平和条約締結に繋げようとするイニシアティブである。

◉「8項目の協力プラン」

２０１６年５月、ロシア・ソチでの日露首脳会談にて、安倍首相は、「経済分野に関する８項目の協力プラン」をプーチンに提案した。協力プランは、ロシアの生活環境大国化、産業・経済革新を促すことを目的として、①健康寿命の伸長、②快適・清潔で住みやすく、活動しやすい都市づくり、③中小企業交流・協力の抜本的拡大、④エネルギー、⑤ロシアの産業多様化・生産性向上、⑥極東の振興・輸出基地化、⑦先端技術協力、⑧人的交流の抜本的拡大の８項目から構成される。

健康寿命の伸長や快適・清潔な都市開発は、ロシアの社会を強くさせ、日本がロシアとともに成長していこうとする提案である。そのうち、特に極東については、その地域に居住するロシア国民の生活水準（クオリティ・オブ・ライフ）改善を促すものとなっており、この協力プランに対するロシアの期待は実際、かなり高い。

◉日本への大きな期待

ロシア西部は、優れた技術と労働規律を有する欧州、特にドイツをパートナーして産業を振興してきたが、東部については、日本を同様のパートナーにしたいとプーチンは願っている。

プーチンは、日本企業の工場の効率を上げる現場での取組みである「カイゼン」や上意下達・階級差のない労働現場のありようについてよく知っている。礼節を重んじる柔道から自身の精神性をたくましくしたプーチンは、日本の生産現場での労働規律の高さをロシアに少しでも移植したいと考えている。日本からの直接投資を呼び込みながら、こうした生産思想の革新を極東地域に起こすことができれば、中国に呑み込まれることなく、産業の多様化・生産性の高度化を伴いながら、競争力ある地域経済を生み出せるのではないか、ひいては輸出拠点ともなり得るのでは、とロシアは高い期待感を持っているのである。

◉経済協力へ一致した日露首脳

２０１６年9月、第2回東方経済フォーラムの全体会合にて、安倍首相は、「重要な隣国同士であるロシアと日本が、今日に至るまで平和条約を締結していないのは異常な事態」、「70年続いた異常な事態に終止符を打ち、次の70年の日露の新たな時代を共に切り開いていこう」と呼びかけるとともに、毎年、ウラジオストク東方経済フォーラム時に首脳会談を行い、8項目の協力プランの進捗状況を確認することを提案した。さらに、「往年の国際都市ウラジオストクの面目を取り戻したいとするプーチン大統領の夢は、自身の夢でもある」と述べ、「ウラジオストクを太平洋とユーラシアを結ぶゲートウェイ」へ進化させる経済構想を示した。広大な後背地ユーラシアをマーケットとして、ウラジオストクを結節点に、日本、韓国、ＡＳＥＡＮといった太平洋と連動させる発想である。

これは、地政学的な文脈から、中国一辺倒を回避し、北朝鮮の暴発リスクにも対峙しうる「強い極東」を、日本の経済協力を得つつ実現したいとするプーチンの戦略に完全に噛み合った。プーチンは、安倍首相のこの発言を受け、東方経済フォーラムの全体会合の会場を促し、自ら拍手で歓迎したのである。

果たして翌年の２０１７年9月、第3回東方経済フォーラムに安倍首相は参加し、全体会合にて、約束通りウラジオストクに戻ってきたと冒頭述べ、映像を駆使しながら、８項目の協力プラン、特に健康寿命の伸長、都市開発、中小企業交流に力点を置き、その進捗を述べた。

ロシアは日本の経済協力をどう見ているか

◉直接投資がほしいロシア

一方、これまでの日本の経済協力に対するロシア側からの注文は多い。極東発展省傘下の極東投資誘致・輸出促進エージェンシー（ＦＥＩＥＡ）の外部向け説明資料では、世界市場における日本の対外直接投資総額は、２０１５年12月末時点で１兆２５９０億ドルであるが、うちロシア向けには11億ドルに留まり、全体のわずか０・１％、そのうち極東向け直接投資額は50百万ドルで、全体の４％に過ぎないと強調する。

ただし、この50百万ドルという数字は、日本法人による直接投資に限定されており、日本法人が出資する合弁企業からのそれは含まれていないし、例えばサハリン１（総事業コスト約１２０億ドル）、サハリン２（同約２００億ドル）等における過去の日本企業の累積投資実績を勘案すれば、他意ある表現といえよう。トルトネフ副首相もことあるごとに、日本の投資は全体のわずか２％に過ぎないと発言しているが、これも極東の先進特別経済特区（ＡＳＥＺ）を投資対象先に限定した場合の数字とされる。

ロシア側にしてみれば、安倍首相の8項目の協力プランが提案されてから、日本企業による直接投資がどの程度伸びたのかという点に着目しているということなのかもしれない。

◉大型プロジェクトがほしいロシア

また、シュワロフ第一副首相（現ロシア開発対外経済銀行（ＶＥＢ）総裁）が、第3回東方経済フォーラム時の日露ラウンドテーブルにおいて、「北海道とサハリンを結ぶ回廊のような巨大事業ができれば、クリル諸島（北方四島を含む千島列島）により柔軟な環境をつくることができる」と発言している。この点に関し、ロシア経済発展省の前次官のヴォスクレセンスキー氏（現イワノヴォ州知事）は、ユーラシア大陸のコネクティビティという文脈からは、ロシアは、中国と欧州に向かう高速鉄道の建設、大陸ロシアからサハリン、サハリンから北海道へ繋がる回廊の建設、これに北極海航路を加えたものが、輸送の質に積極的な影響を与えると述べている。この発言からも、パイプライン、送電網、橋梁、トンネル等のインフラ建設によって文字通り日露間が物理的に連結されるダイナミックな展開が、ロシア側から期待されていることがうかがえる。

プーチンは、欧米の向こうを張るような格好で、多極的な国際秩序の構築を推進することを企図している。そして、この過程において重要な役割を果たす地域大国としてのロシアの存在感を、国内外にアピールすることを常に意識している。つまり日本との経済協力においてもメッセージ性が重要であり、世界の耳目を引くような、シンボリックな大型インフラプロジェクトが期待されるということなのであろう。中国との関係において、バランサーとしての役割を果たす日本との経済関係の深まりを内外に誇示したいのである。

◉日本は日本のやり方で

そうは言っても、一夜にして巨大インフラが建設できるわけではない。安倍首相が、第

3回東方経済フォーラムの全体会合で述べたように、2016年のわずか1年の間に、これまでに見られなかった新しい日本企業の経済活動が、極東において芽を吹き始めているのは事実である。これは、特に医療、農業の分野で顕著である。また、ロシアの国民生活や地域社会とその経済を強くするための8項目すべてにわたるさまざまなアプローチが官民一体となって、ステップ・バイ・ステップにて行われている。ロシア側の望みはさておき、日本としては、こうした取組みの進展を真摯にロシア側に伝え、向こう1年、さらに1年と粘り強く継続することが重要と考える。日本は依然として、世界最大の債権国であり、その投資判断に向けた段階的な意思決定プロセスや投資決定後の粘り強い誠実な取組みは、ロシア側には迂遠に見えるかもしれないが、国家の思惑が先行する極東のプロジェクトであっても、それが大規模な直接投資を最短にして確実に成功に導く手法なのである。

ロシア極東で成功する日本企業

続いて、以下では、2016年以降に現れてきた、極東における日本企業の新しい取組みを具体的なケースを挙げて見ていきたい。

◉野菜工場の成功――地産地消型ビジネスモデルの可能性

まず、マーケット規模が小さいといわれる極東において、地産地消型ともいえるビジネスモデルを採用する農業分野でのケースである。人口１３００万人のモスクワを中心とするロシア西部と比較すれば、極東のマーケットは確かにスケール・ダウンするが、それでも沿海地方は、１９２万人（極東全体の31・１％）、ハバロフスク地方は１３３万人（同21・６％）、サハ共和国は96万人（同15・６％）、アムール地方は80万人（同13％）、サハリン州は49万人（同８％）の人口が存在する（ロシア統計庁、２０１６年末時点）。

これらを踏まえ、小振りながらも極東の人口集積地を一つの消費マーケットとして捉え、現地ニーズに巧みに応える形で、地産地消型ビジネスを短期間で成功させた事例を挙げたい。日揮株式会社（ＪＧＣ）によるハバロフスクでの温室野菜工場によるビジネス展開である。

――安全性と品質への需要に合致

２０１５年12月、ＪＧＣ82・２％、エネルゴ・インパルス社13・３％、北海道銀行傘下の道銀どさんこファンド３号４・５％の出資により設立されたロシア法人ＪＧＣエヴァグリーンは、前述のＡＳＥＺの一つである「ハバロフスク」の対象事業として、２０１６年12月よりトマト、キュウリの温室野菜事業を開始、２０１７年２月に初出荷している。以降、このトマト、キュウリは、ハバロフスクで大人気となり、近隣（沿海地方・アムール州）産、あるいは中国産より割高であっても、消費者は品質の優れた地元産を選好している。

ロシアでは、遺伝子組換え生物の輸入・栽培が禁止されている。また、一般にロシア人の農産物の安全性や品質に対する意識は高い。こうした中、特に極東では温室が不足しているため、夏季を除くと安全・安心な地元産の農産物が入手しづらい状況にあるという。それに対して、同社は品質を重視する日本型農業を実施することにより、消費者の求める農産物を提供するとしている。[2]

――インフラを活用

今後は、野菜工場の面積を従来の２・５ヘクタールから２倍の５ヘクタールとし、生産量を2倍の年産約2千トンに増やす計画も検討されているという。ＪＧＣエヴァグリーンは、ロシアでは質の高い国産野菜の需要が非常に高いことを踏まえ、冬季の暖房には大量のエネルギーを必要とするものの、ガスのコストは日本の5分の１以下であることから、収益を上げることが可能な体制を構築している。試算によれば、すでにハバロフスクの野菜市場の10％を占有しているという。

さらに、ＡＳＥＺ「ハバロフスク」には物流センターの建設が計画されており、ＪＧＣエヴァグリーンには、この物流センターをさまざまな野菜の長期保存用冷蔵設備として利用する計画もあるという。その際、日本の高度な技術を伴う冷蔵設備導入の斡旋も検討されているとされる。[3]このように、極東であっても現地ニーズに根差した互恵的なビジネスは、次なる規模と質のビジネスを呼び込む力がある。

――生きる日本の技術

また、ＪＧＣエヴァグリーンに続き、２０１６年3月、北海道総合商事は、ヤクーツク市行政府およびサハ共和国の地場銀行「アルマゼルギエンバンク」と3・3ヘクタールの温室野菜工場建設に関する投資協定を締結、ロシア法人「サユリ」をサハ共和国のＡＳＥＺ「カンガラッスイ」に設立、昨年10月より、０・１ヘクタールの温室にてトマト生産を開始している。生産されたトマトはすべてサハ共和国市場で販売されている。[4] トマトの後、キュウリが生産されており、これはサハ共和国の保育園や小学校に提供されている。２０２０年までに３・３ヘクタールへの拡張も計画されており、北海道札幌市の設計会社ホッコウが有する寒冷地での農業設備の技術が活用される。サハ共和国といえば、地方自治体としては世界最大の面積を有するが、大陸性気候により、その内陸部は冬季マイナス50度に達する。こうした厳しい自然条件下であっても、日本の先端技術が、世界で初となる極北でのハイテク通年温室の本格的な運営に道を開いたのである。

さらに、農産物販売・太陽光発電会社ファームドゥ（群馬県）が、ＡＳＥＺ「ミハイロフスキー」に入居し、沿海地方で太陽光パネル付き温室野菜工場を建設する計画が報道されている。[5] このように極東での温室野菜工場は、複数の日本企業の進出が計画されているとともに、極東で成功するビジネスモデルを提示している。

◉拡大する医療分野でのアプローチ

現地ニーズに応えるものは、具体的な商品である必要はなく、サービスであってもビジネス展開が可能だ。特に医療の分野で、日本の極東におけるアプローチは確実に前進している。

――予防医療が欠如するロシア

２０１５年の世界銀行データによれば、ロシア人男性の平均寿命は65歳とされ[6]、極東シベリアのそれは、モスクワなどの大都市やロシア西方の都市に比較してさらに短いことが分かっている。[7]主要工業国の中では最も低い水準である。過度の飲酒をはじめとしてさまざまな原因が指摘されているが、重要なものとして予防医療が普及していない点が挙げられる。

ロシアでは、医療設備の不備や医師の不足に加えて、定期的に健康診断を行い、致命的となる前に病気を早期発見して治療する社会システムが十分構築できていない。こうした中、極東シベリアには全人口のうち２％程度の富裕層が存在すると言われるが、所得の高い層は、査証が免除されている韓国に医療サービスを求めて恒常的に渡航しているとされている。一般の所得層も、必要となれば、手元の資金をかき集めて質の高い医療を求め、海外に出ているという。日本が提案する8項目の協力プランにおいて、ロシアの健康寿命の伸長を第一項目に掲げているのは、ロシア側が日本に寄せる期待に正しく応えているといえる。１９９７年の旧日本輸出入銀行ファイナンスにより実現したイルクーツク医療診断センターは、非常に成功した事例とされており、現在では、周辺地域を含む医療を支える存在となっている。安倍首相のイニシアティブに後押しされる形で、これに続く具体的な取組みが近年進展している。

――日露協働の医療事業

まず、2017年2月、ハバロフスクで日露合弁の医療診断センター「サイコウ」が開設された（「サイコウ」は日本語の最高を意味する）。日本のイスクラ産業が、ハバロフスクの投資家と合弁で設立し、設備はリノリウム（床材）から医療機器（オリンパス、東芝、富士フィルム等）まで主に日本から調達されたという。サイコウでは、産婦人科、呼吸器科、アレルギー科、消化器科、心臓科、神経科、泌尿器科、耳鼻咽喉科、大腸肛門外科、腫瘍科の医師が勤務し、レントゲン検診、マンモグラフィー検診、超音波検診、内視鏡検診、実験的検診等を受けることができる。開設に至るまでに2年間を要したが、在ハバロフスクの日本センターの協力を得て計7回の医療セミナーが開催され、東京都の聖路加国際病院と郡山市の総合南東北病院と業務提携が締結されている。[8] また、ハバロフスクでは、国営ロシア鉄道病院内に日露予防医療診断センターを開設する計画が、ロシア鉄道と日本の厚生労働省の間で進められている。

――リハビリ分野

　また、リハビリテーションの分野では、日揮株式会社（ＪＧＣ）と社会医療法人の北斗は、２０１７年5月、ＪＧＣが90％、北斗が10％出資し、ウラジオストク市にてリハビリテーション事業を行うロシア法人JGC Hokuto Healthcare Service LLCを資本金１・5億ルーブル（約3億円）にて設立した。ＪＧＣのプレスリリース[9]によれば、ロシア極東では、脳卒中、外傷等の手術後に2週間程度の急性期リハビリテーションは行われているが、十分とはいえず、その後の回復期の患者に対するリハビリテーションはほぼ行われていないのが実態という。中長期的にはロシアの高齢化、短期的には脳卒中や交通事故・生活骨折等の外傷の患者が増えることが予想され、質の高い回復期リハビリテーションの需要が高まることが想定されている。特筆すべき点は、上記の新会社で採用するロシア人セラピストを日本に招聘の上、北斗が運営する帯広のリハビリテーションセンター等で研修を行い、ロシア人セラピストの技能向上と人材育成を行うことによりロシアの回復期リハビリテーションの発展に貢献していくことがめざされていることである。極東の医療インフラを人・モノ・スキルの観点から下支えようとする非常に重要な取組みといえよう。

　なお、極東シベリアに限らず、小児科分野の協力としては、日本の国立成育医療研究センターは、モスクワのロガチェフ記念ロシア連邦小児血液学・腫瘍学・免疫学センターと、小児がん医療に関する遠隔コンサルテーション等を実現するための協議を進めている。

また、大分大学とモスクワのロシア連邦保健省管轄のピラゴフ記念ロシア国立医学研究大学との間では、日本の最先端の内視鏡技術が活用された診断・医療技術に関するコンサルテーションが行われている。こうした取組みは、2017年4月の安倍首相のロシア訪問時に締結された合意文書に基づくものであり、ロシアの健康寿命の伸長に向けた日本のアプローチは、ロシアに根差す形にて確実に進展しているといえよう。

◉期待の高い都市開発分野

先端技術を駆使して都市化が進んだ日本のノウハウやシステムの導入については、ロシア側から特に期待の高い分野である。

――交通技術

例えば、渋滞を緩和するための信号システムが挙げられる。2017年、京三製作所、野村総合研究所等は、モスクワ市交通管制センターとともに、京三製作所が開発した高度交通信号システム(ARTEMIS)の実証試験を行い、最大40%もの渋滞緩和効果が得られることが分かった。従来のロシアの信号システムでは、交通量等のデータの送受信と処理に時間がかかり、実際の道路の混雑度合いと信号制御がうまく連動していなかったとされるが、ＡＲＴＥＭＩＳでは、路上に設置したコントローラーがデータ処理し、交通量を正確に予測した上で適切に信号を制御する。この実証試験は、モスクワ市で行われたものであるが、年々渋滞が深刻化するウラジオストク市に導入を検討することが当初より考慮されている。

――住宅建設

また、２０１７年、飯田グループＨＤは、ウラジオストク市にて、モデルハウス２棟を竣工し、日本の木造戸建住宅の販売を開始した。飯田グループＨＤは、ロシア極東において、安価で良質な木造戸建住宅の供給をめざし、木材調達・加工から戸建住宅の建築・販売まで一貫した体制の構築を進めている。熟練大工がいなくとも短い納期で建築でき、低コストであるものの、ジャパンクオリティが確保された木造戸建住宅は、極東住民のニーズに合致し、住生活環境を向上させることができると考えられている。

この他にも、環境に配慮した廃棄物処理設備や老朽化し赤錆のでる水道管を交換することなく修復する管路更生技術の導入等、日本ならではの都市開発ビジネスは極東に移植することが可能であり、これらは、極東地域の生活環境水準の底上げに直結する。

◉着実に発展する木材加工ビジネス

医療、都市開発、農業分野の他、木材加工分野でも、かねてより日本企業は極東で存在感を発揮してきた。ロシアは世界最大の森林資源保有国で、その割合は世界の23％とされ、年間180～230平方㎞の森林が伐採されているが、そのうち90％は丸太のまま輸出されているとも言われる。ロシア政府は、木材セクターの付加価値を高めるため、2000年に入って丸太の輸出関税を高め、木材加工業を育成する方針を決定、この流れに応じる形で、極東シベリア地方でいくつかの日本企業による新規加工事業が進められた。[10]

三井物産モスクワ有限会社は、ロシアにおいてさまざまな産業分野で実に15件もの投資事業を成功させ、その累計投資額は30億米ドル超に及ぶが、[11]木材分野については、2013年8月、ブリヤート共和国で原木伐採および木材製品加工を手掛けるZAOバイカルスカヤ・レスナヤ・カンパニアに出資参画するための関連契約を締結している。ZAOバイカルスカヤ・レスナヤ・カンパニアは、ブリヤート共和国内の5つの森林区で合計約100万ヘクタールの長期伐採権を保有しており、伐採権保有から製材・販売までの上流から下流工程に至るバリュー・チェーンを構築の上、伐採したアカマツやカラマツの原木を自社工場で板に加工、海外に輸出している。三井物産のプレスリリースによるとブリヤート共和国は、欧州とアジアに跨るユーラシア大陸の中央に位置し、消費地である欧州、中東、アジアの各市場にアプローチできる地理的優位性が高く、中国との国境にも近いため、中国市場向けの販売にも注力すると説明されている。

また、住友商事が、ロシア極東沿海州・港町プラストゥンに本社を置くロシア有数の総合林産企業チェルネイレス社と合弁で行う木材加工・集成材生産事業は優れた成功ビジネスである。国営企業から民営化したチェルネイレス社は、四国の１・５倍に相当する２７６万ヘクタールの林区を保有し、付加価値のついた木材加工・集成材を海外に輸出するビジネスについて、住友商事を事業パートナーとして展開している。森林の成長率が伐採率を上回るよう生態系への配慮がなされており、従来廃棄処分されていた製材後の端材・おがくずについては、バイオマス発電に使用されている。[12]

◉ポテンシャルある水産ビジネス

極東開発を進めるために２０１２年に特設された極東発展省は、極東シベリアを「輸出基地化」させる構想を提唱している。極東投資誘致・輸出支援エージェンシーの外部向け説明資料の「なぜ極東地域なのか？」とタイトルの付されたページでは、ロシアに隣接するアジア太平洋地域の国々の総ＧＤＰは16兆３６８０億ドル、同国々からの輸入量は２兆７４４０億ドル、同国々への輸出量は６００億ドルで、極東シベリアに近接するアジア太平洋の市場の大きさが説明されている。前述の三井物産と住友商事による木材加工ビジネスは、アジア太平洋市場に開かれた極東シベリアの「輸出基地化」をすでに実現していると言える。この輸出基地構想については、まだまだ十分な伸びしろがあり、日本企業が貢献できるさまざまなフィールドがある。例えば、水産産業である。

――未発達の水産業

ロシア極東の水産物は、全体の63％をスケソウダラが占め、14％がサーモン、９％がニシンとなっている（２０１６年）。マダラ、カレイ類、ホッケ、イカ、サンマの漁獲も多く、カニ、ウニ、ナマコ等の高価な水産物も獲れる。漁獲量でいえば、世界有数の漁業大国であるが、輸出については、原料に近いままでの取扱いが中心で、フィレ、生鮮チルド品等の加工度の高い製品については輸入に頼っているのが現状とされる。極東の水産加工の大部分は、「ドレス」（頭部と内臓を切り落とし冷凍させたもの）に留まり、一時処理の域を出ていない。これらは、主に前払いを含む現金決済にて中国、韓国におおむね輸出されていると聞く。

――水産業の付加価値を高める試み

こうした状況下、ロシア政府は、水産産業の付加価値化を進めるため、漁獲割当（クウォータ）の配分にあたっての新メカニズムを検討している。一時処理された水産資源をフィレ、生鮮チルド、すり身、缶詰等の高付加価値製品に少しでも近づけるため、水産加工処理能力のある船舶や水産加工工場等への投資を行う事業者に対して優先的にクウォータを配分するシステムを導入するアイディアである。

２０１７年6月、シェスタコフ連邦漁業庁長官は、記者会見を開き、新たなクウォータでは、対象期間を２０１９年から２０３３年の15年間に拡大し、クウォータ全体の20％について、設備投資を行う企業に優先的に割当てる「投資枠」を設定すると説明した。20％のうち、漁船建造への投資は15％、陸上工場建設への投資は5％で、いずれも一定水準以上は、国内での調達が要請されるという（例えば漁船の場合は、２０２０年以前の申請は現地生産率30％以上、２０２０年以降は同40％以上）[13]。

また、カムチャッカ等での漁業用船舶の大型保守・補修センターの設立や沿海州、サハリン、カムチャッカ等での最新冷蔵施設を伴う港湾コンプレックスの開発といった水産関連インフラの整備についても検討されている。極東からモスクワへ冷凍した水産物を輸送するための物流ロジインフラを整える「コールドチェーン構想」がこれに含まれる。これは、極東からモスクワ間のウラジオストク、ハバロフスク、イルクーツクといった都市に冷凍倉庫コンプレックスを配置し、鮮度が保たれた水産資源を、大規模消費地の近傍で加工するプランである。

——手つかずの養殖産業

さらには、事実上手つかずとなっている養殖産業の振興も今後の発展が強く望まれている。トルトネフ副首相は、「極東には養殖業という産業は存在していない。養殖業を迅速で効果的に育成するには、ＡＳＥＺのような支援策を適用する必要がある。養殖に参入する者は誰でも優遇を受けられるようにする」と述べ、外国企業も参加できる漁区を割当てるオークションを行うことを計画している（極東には、海面養殖に適した区画が３００万ヘクタールあると言われている。ただし、各漁区が有望であるかについては、投資家が自身で調査を行う必要がある）[14]。

他方で極東の水産産業は、既得権益や既存のビジネススタイルを護ろうとする地場勢力の存在が強い。外資企業がロシア企業と合弁企業を設立し、この合弁企業がクウォータを得て、漁獲自体を行うことは不可能ではないが、参入障壁は高く、現実的ではないという声も強い。また、国内産業との競合も想定すれば、漁獲のみならず養殖も難しい側面も孕むといえる。

そうした中、日本企業に可能性があるのは、水産加工設備を伴う船舶用のハイエンドの機器、世界的にも日本品シェアが高い漁獲のための魚群探知機やレーダー、物流インフラを支える高機能の冷凍倉庫等の輸出ビジネスである。そうした輸出ビジネスの実績を積み重ねた上で、将来、例えば、物流ロジスティックスのハブ拠点の運営事業等について、外国企業の出資参画が期待されるような機会があれば是々非々で検討することが可能となろう。

養殖の分野についても外国投資がスムーズに参入できるような枠組みを構築することがまずはロシア側に求められる。極東の水産分野では、規模の大きい輸出取引、いわんや直接投資を伴う日本企業ビジネスの展開は未だみられないが、豊富かつ多種にわたる水産資源を考えると、日本企業がスポンサー参画する形で、加工度合いの進んだ水産商品を極東で製造し、中国、韓国に輸出展開するようなビジネスモデルが実現されれば、極東の水産セクターは確実に前進する。裏返して言えば、未開発であるが故に、両国ビジネスが補完し合いながら、ともに発展する大きな潜在的な機会がある。

なお、参考まで極東での水産加工・物流拠点建設は、韓国企業がすでに高い関心を寄せている。2017年6月、トルトネフ副首相と、韓国・釜山港の企業団（釜山港湾公社、水産卸・漁具製造大手Korea Trading & Industries、物流大手ユニコロジスティックス、フィレ加工コリアン・シーフーズ）が会談し、ウラジオストク（候補地ナジモフ半島）に水産加工・物流拠点を建設する計画について協議している。投資額は1億3000万ドル超で、第1フェーズでは水産物流センター、漁港、コンテナターミナル、第2フェーズでは魚のフィレ加工、カニの加工工場が建設される計画であるという。[15] こうした韓国の動きにも留意する必要があろう。

◉大型ダウンストリーム・ビジネスへの期待

また、従来期待が高かったが、依然として具体的な実現をみていないのが、極東シベリアにおける大規模な石油精製品・石油化学品の生産拠点の建設とそれらダウンストリーム製品のアジア太平洋市場への輸出ビジネスである。仮に中国との国境近くに大型の石油精製や石油化学コンプレックスが誕生すれば、世界のダウンストリーム・ビジネスにも大きなインパクトがあると言われる。具体的な検討は進められている。

例えば、国営石油大手ロスネフチは、極東ナホトカ近郊にて大規模な石油精製・石油化学コンプレックス建設を計画している。このプロジェクトは、プロジェクトカンパニーであるFar East Petrochemical Company（ＦＥＰＣＯ）が実施主体であり、ＦＥＰＣＯと呼ばれる。東シベリア太平洋（ＥＳＰＯ）石油パイプラインで輸送される石油から各種石油製品とナフサを生産し、このナフサを原料に各種石油化学製品を生産するもので、２０１０年後半から検討が開始された。２０１５年6月のサンクトペテルブルグ国際経済フォーラムにおいて、ロスネフチと中国国営化学会社のChemChinaは、ロスネフチによるChemChinaへの原油供給およびChemChina精製子会社ＣＣＰＣ株式30％のロスネフチへの譲渡に関する基本的な合意を行い、２０１５年9月、両者はＦＥＰＣＯ株式取得に係る覚書を締結した。さらに２０１６年6月にはＦ／Ｓ実施に係る覚書を締結している。

このプロジェクトは、３段階で実施される予定で、第１段階は石油精製設備の導入・発電機器の設置、第2段階は、エチレン、プロピレン、ブタジエン、ベンゼン等の生産を行う石油化学プラント群の建設、第３段階は製油所および石油化学設備のキャパシティを2倍にする計画とされる。第1、第２段階の実施に必要とされる投資額は周辺インフラも含めると６６００億ルーブル（約97億ドル）を超えると予測されている。原料となる石油価格の最適な水準を見極めつつ、ＦＥＰＣＯの周辺インフラ開発費用を含むプロジェクトコストを賄う資金をいかに調達するかが課題とされよう。

さらに、ロシア石化最大手Siburが主導するAmur Gas Chemical Complex等の計画もある。これらプロジェクトが実現に向かうのであれば、前例の無い規模の精油所と石油化学プラント群が、極東に誕生することになる。

原材料の輸出から高付加価値製品の輸出モデルへの移行を促す大規模なダウンストリーム事業を、極東で成功させることは、ロシア政府の念願である。極東で生産される石油化学製品等は、アジア太平洋地域へ輸出されることになり、極東の輸出基地化に向けた重要な歩みとなろう。この分野でも日本企業が参画しうる可能性は大きい。

◉既存の輸送インフラを活用した製造業ビジネス

極東シベリアでのビジネス展開にあたり、限定的なマーケット規模と同様、よく指摘されるのが輸送インフラ・ロジスティックスの整備が不十分という点である。これは、資源、ダウンストリームの資源加工ビジネス、製造業、サービスといった分野や取扱するモノによって課題となるポイントは異なるが、ロシア政府と協働しつつ既存の輸送インフラを活用したビジネス例を取り上げたい。

ウラジオストクのマツダ自動車組立工場は、２０１２年9月、プーチン大統領、ロシア政府要人、枝野経済産業相（当時）が列席する盛大な工場開所式をもって操業開始した。本事業は、ロシア自動車大手ソラーズとの合弁事業（合弁会社名Mazda Sollers Manufacturing RUS LLC（ＭＳＭＲ））で、当初は「CX-5」、その後、「マツダ6」（日本名アテンザ）の組立生産が行われ、２０１５年は約2万5千台、これまで累計10万台以上のマツダ車を生産し、ロシア全土へ販売している。２０１６年9月には、総額20億ルーブルを投資し、年間5万基のエンジンを製造することを公表した。６００名を超える新たな雇用を創出する効果がある。[16]

ＭＳＭＲは、２０１６年9月、ウラジオストク東方経済フォーラムの際、ロシア産業商務省マントゥロフ大臣を署名者として「特別投資契約[17]」を締結しており、２０２３年まで、これまで講ぜられていた各種優遇措置が継続されることを確認している。また、２０１４年8月にロシア政府が設置したウラジオストク工業生産型特別経済区の対象事業となっている。ロシアの合弁パートナーのソラーズと連携しつつ、ロシア政府の産業政策と各種バックアップを獲得している。

そして、これらの優遇措置にはシベリア鉄道等の輸送インフラに係るタリフへの助成も含まれるとされる。[18] ロシアは広大であるが鉄道は縦横に走っている。輸送タリフの水準や輸送貨物の取扱上のクオリティといったさまざまな課題はあるとされるが、マツダは、ソラーズというパートナーを得て、既存のロシアの輸送インフラを活用しつつ、極東ウラジオストクを起点としてロシア全土にダイナミックにビジネス展開している。

極東ビジネス今後の展望

最後に、極東での日本企業によるビジネスの展望について言及したい。

◉改善されつつあるビジネス環境

極東ビジネスの障害として、「不透明な法制・規制・通関手続き」が取り沙汰されることが多い。実態はどうであろうか。

ロシア非営利法人Agency for Strategic Initiativesが２０１６年にロシアで81地域、

40万社を対象に行った調査によれば、「規制当局による不定期・不透明な監査」、「これに伴う汚職」、「道路等のインフラ未整備」がビジネス上の懸念点として挙げられている。[19] また、国際協力銀行（ＪＢＩＣ）が行っている日本の製造企業を対象とする２０１６年の「海外直接投資アンケート調査結果」においても、ロシアの投資先国としての課題に関し、「法制の運用が不透明」が全体回答の37・5％、「複雑・不透明な輸入規制と通関手続き」が同31・3％を占める。

法制の運用や通関手続きに関する履行状況、実際の運用は、現場でビジネスを行う人間にしか分からない側面があるが、ロシアの規制当局や通関当局の運用については、提出する書類の種類は削減されたが、申告書の記載内容の正当性を主張するための書類数は増えてしまっているといった類の課題はまだまだあるようだ。[20] 他方、ロシアに進出した日本企業の声から推察すると、他国の法制の運用や通関手続きと比較して、ビジネスが成り立たないほどひどい状況かといえば、まったくそれには当たらないというのが筆者の印象だ。

２０１６年のウラジオストク東方経済フォーラムのオープニングセレモニーにて、トルトネフ副首相は、極東地域でのビジネス展開にあたって直面した障害や苦情については何時でも遠慮なく相談してきて欲しいと聴衆に訴え、そのプレゼンテーション資料の最終ページには、連絡先として同副首相と極東発展相のメールアドレスが記載されていた。新規ビジネス導入をサポートするロシア政府の政治的な意思は強く、これを世界銀行も高く評価している。これらを踏まえると、日本企業は、先入観にとらわれず、極東地域でのビジネスについても具体的な検討を行うに値する段階に差し掛かっているといえよう。

◉国家レベルで進む環境整備

国際協力銀行（ＪＢＩＣ）は、２０１６年9月の東方経済フォーラム時に、極東バイカル地域開発基金、極東投資誘致・輸出支援エージェンシーとの間で、「極東先進経済特区投資促進プラットフォーム」に係る覚書を締結し、これに基づき、２０１７年4月には、安倍首相のロシア訪問の機会を捉えて、極東バイカル地域開発基金、極東投資誘致・輸出支援エージェンシーとの間で、ＡＳＥＺおよび自由港向けプロジェクト開発促進会社（ロシア法人Japanese Project Promotion Vehicle in the Far East Limited Liability Company（Far East JPPV））に関する出資契約を締結し、２０１８年2月に設立に必要なすべての文書の署名を終え、同年3月に会社登記した。Far East JPPVは、日本企業が関与するプロジェクトに係るロシア政府当局との調整や日本企業への助言等を実施し、ＡＳＥＺや自由港への進出を企図する日本企業が抱える懸念を緩和することにより、極東地域への日本企業の投資を促進することを目的としている。極東への投資誘致・促進に向け両国間および日本の官民間の橋渡し役として機能することを視野に入れている。[21]

この国際協力銀行の取組みについては、プーチン大統領が、２０１６年9月のウラジオストク東方経済フォーラムの基調演説、[22]ならびに２０１７年4月の安倍首相によるロシア訪問時の両国首脳の共同記者発表[23]においても、国際協力銀行の名前とともに言及しており、こうした事実からもプーチン大統領自身がいかに極東地域への日本の直接投資の拡大に期待しているかがうかがえよう。

他方、安倍首相・プーチン大統領により進められている極東での経済協力プロジェクトについては、官製のものであって現実味に乏しいという懐疑論もよく耳にする。ただ、ビジネスは政府の支援だけで実現するほど、たやすいものではなく、プロジェクト自体が収益を生み、日露企業のいずれにとってもプラスの効果をもたらすものでなければ決して成立しない。ビジネスの世界において、政府や公的機関はあくまでわき役であり、側面支援を行うに過ぎない。また、市場ニーズを的確にくみとり、原価をぎりぎりまで抑えた上で利益を生み出し、地域社会に貢献する内容でなければ、そのビジネスは短期的に成功したとしても、長きにわたり継続させることは難しい。この原則は極東でもまったく同じである。しかし「損益」という現実的で厳格な評価指標をクリアした日本企業による極東ビジネスが近年、生み出されている。緻密なマーケット分析を行い、技術・エンジニアリングを駆使し、真摯に現場で対応する日本企業は世界的に評価が高い。食わず嫌いをやめて、極東であっても、そうしたビジネスを日本企業が展開すれば、そのポテンシャルをさらに伸長させることが可能と考える。

プーチンにとって極東開発を成功させることは、「強いロシア」を実現する上で避けて通ることのできない政策課題であり、「ロシア東方」での地政学上、不可欠なもう一つの軸足ともいえる。ここにおいて、日本の存在は極めて重要であり、極東における日本の経済協力の深耕こそが、今後の両国関係の展開をも左右する重要なファクターになりつつあると言えるのである。

1 首相官邸HP参照。https://www.kantei.go.jp/jp/97_abe/statement/2016/1216kaiken.html
2 JGC HP参照。http://www.jgc.com/jp/03_projects/business_investment_country.html
3 『ロシアNOW』報道。https://jp.rbth.com/business/2016/12/07/654197
4 『ロシアNOW』報道。https://jp.rbth.com/business/2016/12/07/654197
5 『ボストーク通信』2017年6月19日通巻1195号、3頁。
6 世界銀行HP参照。http://data.worldbank.org/indicator/SP.DYN.LE00.MA.IN
7 http://www.etd.ceu.hu/2016/baykalova_valentina.pdf
8 『ボストーク通信』2017年2月20日通巻1179号、4頁。
9 JGC HP参照。http://www.jgc.com/jp/DisplayHtml/view/198
10 堀内賢志、齋藤大輔、濱野剛編『ロシア極東ハンドブック』（東洋書店、2012年）142-147頁
11 三井物産モスクワ有限会社HP参照。http://www.mitsui.com/ru/ja/company/affiliate/index.html
12 住友商事HP参照。https://www.sumitomocorp.com/ja/jp/business/case/group/27047
13 『ボストーク通信』2017年7月3日通巻1197号、2-4頁。
14 『ボストーク通信』2017年2月20日通巻1179号、14-15頁。
15 『ボストーク通信』2017年7月3日通巻1197号、13頁。
16 ソラーズHP参照。http://www.sollers-auto.com/en/pressroom/news/index.php?id35=826
17 2016年7月16日付ロシア大統領令第708号に基づく特別投資契約制度は、7・5億ルーブル以上の投資事業を対象とする投資奨励政策の一つ。法人利潤税免除等の税制優遇措置や各種助成措置が規定され

ている。

18 各種報道より。 http://automotivelogistics.media/news/russia-signs-decree-to-support-car-exports-from-far-east-region

19 世界銀行ＨＰ参照。 http://www.worldbank.org/en/country/russia/brief/doing-business-russia

20 ＪＥＴＲＯ ＨＰ参照。 https://www.jetro.go.jp/world/reports/2017/01/b9f716e9f5f43e3f.html

21 国際協力銀行プレスリリース参照。 https://www.jbic.go.jp/ja/information/press/press-2017/0428-55107.html

22 ロシア大統領府ＨＰ参照。 http://en.kremlin.ru/events/president/news/52808

23 ロシア大統領府ＨＰ参照。 http://en.kremlin.ru/events/president/news/54391

第4章

北極圏の地政学と日本のビジネスチャンス

ここまで、ロシアにとっての西方、南方、東方の情勢について、地政学的な視点を交えつつ見てきた。この章では、第4番目の地政学方面であるロシアの北方、北極圏について取り上げたい。

北極圏の地政学

◉気候変動がもたらした変化

地政学上、ランド・パワーに位置づけされるロシアにとって、常に凍結しているため軍艦が侵入できない北極圏は、安保・外交上の絶対的な安全地帯であった。シー・パワーたる国家の軍艦が、北極圏にそそぐ大河をさかのぼってユーラシア大陸中央部に侵入することは物理的にできない。難攻不落のこの安全地帯は、地政学的な観点から、ロシアにとってプラスの要素をもつ地域とされてきた。

しかし近年、平均気温の上昇で氷が融け、北極海での探査は容易になり、各国が資源開発に関心を寄せるようになった。気候変動によって安全が揺らいでいるのである。北極圏は、多くの未発見の資源が賦存する地域である。世界における未発見の石油・ガスの可採埋蔵量のうち、ガスについては30％、石油については13％が北極圏に眠っているとされる。

◉せめぎあう各国の利害

国連海洋法条約は、海岸線から２００海里以内の排他的経済水域において、沿岸国が資源開発を行うことを認め、さらに海底部分が自国の陸地から続く大陸棚の延長上と見なされれば、最大３５０海里まで資源開発の権利を認めることになっている。北極海における排他的経済水域は依然として確定していない。北極海の沿岸５ヶ国であるロシア、米国、ノルウェー、デンマーク、カナダのいずれも自国利益が最大限尊重されることを、もちろん希望している。

ロシアは、２０１５年、国連海洋法条約に基づき、北極海の海底１２０万平方㎞を自国の大陸棚と申し立てしたが、これにデンマークやカナダは疑義を呈し、北極海海底の自らの主権につき同様の主張を展開している。その際、自国の大陸棚の延長に北極海の海底が存在していることを各国は証明しなければならないが、どの国にもそれぞれ理屈を展開し得る余地があるようだ。

領有権の主張が激しく衝突する場合に備え、ロシアは、北極海の軍備増強に余念がない。2017年4月、ロシア国防省は、北極海の一部バレンツ海のフランツヨシフ諸島に建物の総面積が1万4000平方メートルを超える軍事基地を新設したと公表した。ロシアは北極圏に最も多くの軍事基地を持ち、北極圏に特化して管轄する軍精鋭部隊「北極旅団」も保有する。また、40隻以上の砕氷船を持ち、原子力を動力源とする13隻を追加建造する計画があるという。

ここでも発揮されるプーチンの経済外交

そうした動きとは裏腹に、プーチンは、北極圏を舞台として、国際協調を前面に出しつつ、ビジネス権益の拡大を推進することをアピールしている。

◉ロシアが主導する国際北極圏フォーラム

２０１７年3月、プーチン大統領は、北極圏の都市アルハンゲリスクにて開催された国際北極圏フォーラムを主導した。このフォーラムが開催されるのは、４回目となるが、初めてプーチン大統領自らが乗り込み、基調演説を行った。また、フィンランドのニーニスト大統領、アイスランドのヨハンソン大統領が参加し、米国ＣＮＢＣアンカーのカットモア氏が司会を務めるパネルディスカッションに応じた。その際、プーチンは、「ロシアは北極圏の3分の1を領有、その責任を認識」しており、「ロシアは北極圏の持続可能な開発を環境保護と両立させて進める」と発言した。さらに、「ロシアは、北極圏において米国といかなる分野であっても競争状態となることを意図していない」と強調した。クリミア編入・ウクライナ紛争により欧米諸国と緊張関係が継続する中、プーチンは、北極圏をロシアが主導する国際協調の舞台として位置づけようとしていることがうかがえる。

２０１７年の国際北極圏フォーラムでは、①北極圏をめぐる持続可能な開発（北極海航路、環境保護等）、②科学技術（資源探査、学術協力等）、③経済開発（地域社会の育成、バレンツ海・北極圏欧州地域との協力拡大等）、④人材育成（文化、観光、健康、居住環境の向上等）の４つが主要テーマとして設定された。いずれも国際的な協調が前提とされる内容となっており、これが掛け声だけでないことを示唆するかのように、プーチン大統領の側近中の側近で元大統領府長官のイワノフ大統領特別代表（自然保護、環境、交通運輸担当）に加え、内閣を担うメドヴェージェフ首相、ノヴァク・エネルギー相、ドンスコイ天然資源・環境相（当時）、ショイグ国防相らがプーチンに随行した。

◉ロシアの北極圏開発戦略

ロシア政府内で北極圏開発を担うのは、2015年2月の大統領令に基づき設立された北極圏開発委員会である。同委員会を中心として、北極圏に関する軍事、経済開発、輸送、環境、国際協力等の幅広い課題について調整が進められている。輸送、エネルギー等のテーマごとに、閣僚をトップとするワーキンググループが設けられている。

2017年2月には、オレシュキン経済発展相が、国家プログラム「2025年に向けた北極圏開発」を策定した。この国家プログラムでは、北極圏開発において核となるコア・ゾーンを政府決定によって指定し、環境保護と地域開発を念頭に置きつつ拠点開発を行うことが計画されている。そして、これら拠点について北極海航路を通じて互いに連携させることで、点から線への発展を促すこととされている。拠点周辺の資源開発等のために

2100億ルーブル（約36億ドル）もの財政拠出を行うことが提案されており、今後、包括的に北極圏開発をリードする国家プログラムとして存在感を増していく可能性がある。

北極圏は、ロシアとその国民に安全を提供し、富をもたらすとプーチンは発言している。と同時に、北極圏の生態系は非常にもろく、そこでのインフラは、環境に配慮したものでなければならないとも語る。[1] そこには地政学上、ランド・パワーたるロシアを支えてきた北極圏について、経済的には資源開発やその輸送ルートの発展を促すことで自国の利益を追求する一方、環境をテーマとして包括的に国際協調を主導するというプーチンの戦略が垣間見えるのである。

ＬＮＧビジネスと北極海航路

ソフト・パワーとしての経済外交、それを巧みに行使するプーチンの北極圏における主戦略の一つが、液化天然ガス（ＬＮＧ）と北極海航路である。

◉北極圏に眠る石油・天然ガス資源

北極圏における既発見の石油・ガスの可採埋蔵量は、３１１７億ｂｏｅ（原油換算バレル）で、そのうち88％の２７２９億ｂｏｅをロシアが占めるとされる。ロシアは、北極圏での石油・ガス産出量を毎年増加させている。ガスプロムによるヤマル半島ボヴァネンコフスコエ・ガス田は２０１２年から生産開始され、国営石油会社ガスプロムネフチのバレンツ海プリラズロムノエ油田は２０１３年から、ヤマル半島ノヴォ・ポルトフスコエ油田は２０１４年から各々生産開始されている。そして、特筆すべき近年の動きとしては、民間ガス会社ノヴァテックが主導する大型プロジェクトのヤマルＬＮＧプラント建設がある。

◉ヤマルＬＮＧプロジェクト

ヤマルＬＮＧは、北緯71・25度に位置するヤマル半島サベッタ港に、年産16・５百万トンのＬＮＧ生産プラントを建設し、砕氷型ＬＮＧタンカーにて北極海航路で輸送する壮大な事業である。無人の北極圏での資機材導入のためのサベッタ空港やＬＮＧ積出港といった周辺インフラ建設から始まったこのプロジェクトは、関係者を驚かせるテンポで進捗し、

２０１７年12月よりＬＮＧ生産を開始させた。

筆者は、２０１７年3月末の厳冬期にプロジェクト・サイトを訪問する機会に恵まれた。銀白の氷塊で覆われ、海上と陸上の区別もにわかにつかないような荒涼とした極北サベッタ港一帯において、巨大なＬＮＧプラントが粛々と建設される様子に圧倒されたことを思い出す。

プーチンは、空港・港といった周辺インフラの建設を連邦政府の財政資金で賄い、資源採掘税については条件付で免除、輸出税も免除するといった破格の税制上の優遇措置によってプロジェクトを大々的に支援している。本件を主導するノヴァテックには、民間ガス会社でありながらも、２０１２年11月にＬＮＧ輸出自由化法を成立させ、従来、国営ガス会社であるガスプロムに限って与えられていたガス輸出権を特別に付与した。

◉際立つプロジェクトの国際性

プーチン大統領が自ら肝煎りで取組むヤマルＬＮＧプロジェクトには高い戦略性を見て取ることができる。それは、極北の地で巨大ＬＮＧプラントを国際的な協業体制の下で建設することに成功した点である。

プーチンは、2017年の国際北極圏フォーラムにおいて、ヤマルLNGプロジェクトに関し、「技術、ファイナンスの両面での外国パートナーによる協力に感謝する」と率直に述べた。ヤマルLNGプロジェクトの液化については、米国APCIの技術が採用されており、エンジニアリング、機器調達および技術指導は、フランスTechnip、日本の日揮(JGC)、千代田化工建設らが参画している。2014年9月の米国金融制裁により、米国法人はノヴァテックに対する長期の新規与信等が禁止されることになり、資金調達に影響がでることも予測されたが、ノヴァテック創業者で会長のミケルソン氏の手腕もあり、中国、欧州、日本による協力を実現した。

ヤマルLNGの総プロジェクトコストは340億ドルと巨額であるが、中国勢が全体のうちの約3割をスポンサーとして出資参画(中国CNPCが20%、中国シルクロード基金が9・9%出資)し、全体の必要借入金190億ドル相当のうちの約6割に相当する約115億ドル相当(93億ユーロおよび98億人民元)を上限として中国政府系金融機関の中国輸銀と中国開銀が融資した。また、欧州勢もフランス・トタールが全体の2割をスポンサー参画し、イタリア大手銀行インテサ・サンパオロが、イタリア輸出信用保険SACEおよびフランスの同COFACE(現Bpifrance)の貿易保険カバーの下、約8億ドル相当を上限とするファイナンスを組成した。日本からも日揮(JGC)および千代田化工建設によるＬＮＧプラント輸出を支援するための必要資金として国際協力銀行（ＪＢＩＣ）が２億ユーロを上限としてファイナンス参画している。さらに２０１７年４月には、オーストリア大手銀行ライファイゼンバンクとインテサ・サンパオロが、ドイツの輸出信用保険Euler Hermesとスウェーデンの同ＥＫＮの貿易保険カバーの下、４・25億ユーロを追加でコミットしている。[2]

◉北極海航路の開拓

国際的な協働体制は、生産したＬＮＧを北極海航路で東アジア方面に輸送するという新たな輸送ルートの開拓においても機能している。

２０１７年３月末、ヤマル半島サベッタ港で盛大に就航式が開催された砕氷型ＬＮＧタンカー「クリストフ・ドマルジェリ」号は、２０１４年10月、モスクワ空港での航空機事故で亡くなったフランス・トタールのドマルジェリ前会長の名前をとって命名され、韓国の大宇造船海洋が建造、ロシア国営海運大手ソフコムフロートが所有する。全長２９９メートル、全高60メートル、ＬＮＧ積載量17万２６００立方メートルで、厚さ２・１メートルの氷海を砕氷船のエスコートなしに単独で航行することが可能である。「クリストフ・

ドマルジェリ」号の他にも、ヤマルＬＮＧプロジェクトのために、大宇造船海洋は合計15隻の砕氷型ＬＮＧタンカーを建造し、これらは日本の商船三井と中国遠洋海運集団有限公司の合弁企業、カナダ海運大手Teekay等が保有している。

サベッタ港から東アジアまでの航海日数は、スエズ運河経由では35日かかるが、北極海航路では15日程度となり、約20日間短縮される。航行距離でいえば、北極海航路の東回りルートは、サンクトペテルブルグ～ウラジオストク間が、北極海航路では１万４３００㎞となり、スエズ運河経由の２万３２００㎞より約40％も短い。

ヤマルＬＮＧを嚆矢として、港湾設備や海洋情報をタイムリーに伝える情報インフラ整備等が進めば、北極海航路を通じた国際物流がさらに活発化することが見込まれる。２０１７年11月にはノヴァテックが、丸紅、商船三井とカムチャッカ半島沖合にて新設するＬＮＧ積替え基地の事業化調査に係る覚書を締結した[3]。北極海航路の東回りルートは、海（オフショア）での極東開発の一端を担うものと捉えることも可能であり、オフショア・ロジスティックスの観点から、まさに新たな道を切り開くものと表現できる。

続くＬＮＧプロジェクトと日本のビジネスチャンス

また、ヤマルＬＮＧプロジェクトの後続案件として注目されているプロジェクトがArctic LNG 2である。ノヴァテックは２０１７年5月、ドイツLindeとガス液化技術ライセンス契約を締結すると同時に、フランスTechnip、LindeおよびNIPIGas（ロシア石油化学最大手企業Sibur傘下）と戦略的協力に関する包括契約を締結しており[4]、これに基づき、基本設計・建設のための主要条件等が検討される。ＬＮＧのガス源については、ギダン半島（ヤマル半島対岸に位置）の陸上ガス田ウトレンニエ（サルマノフスコエ）（埋蔵量評価３８８・５ｂｃｍ）（２０１６年末時点）が想定されている。

Arctic LNG 2は、ヤマルＬＮＧと同様、過酷な自然環境下でのプロジェクトとなるため、周辺関連インフラ整備、資機材の保管・輸送・建設、砕氷船を利用するＬＮＧ輸送コスト等を踏まえるとプロジェクトコストがかさむ。従い、ヤマルＬＮＧプロジェクトと同様、政府からの全面的な助成措置が必須となる。この点、プーチン大統領は、スピード感を維持しつつ、ヤマルＬＮＧプロジェクトに続く大型ＬＮＧプロジェクトを北極圏にて立ち上げることができれば、ロシアを世界最大のＬＮＧ生産国に押し上げることも可能であると表明し、この新規ＬＮＧプロジェクトに全面的な政府サポートを提供する意向を繰り返し述べている。また、ヤマルＬＮＧプロジェクトを成功裏に立ち上げたノヴァテックのミケルソン会長もArctic LNG 2のＬＮＧ生産開始時期は２０２３年前後がターゲットであると述べ、その実現に自信を見せる。

◉日本との協力への期待

ヤマルＬＮＧプロジェクトは、中国の資本およびファイナンスに頼るところが大きかったが、Arctic LNG 2について、ミケルソン会長は、日本との協力拡大に大きな期待を寄せていると思われる。２０１６年12月のプーチン大統領訪日時に、ノヴァテックは、三井物産、三菱商事との間で、各々協業検討に係る覚書、丸紅との間で新規ＬＮＧプロジェクト開発等に関する協力覚書を締結した。[5]

プーチン大統領自身も、Arctic LNG 2を含む北極圏での大規模プロジェクトならびに北極海航路の拡充にあたり、日本からの協力に高い関心を寄せている。北極圏における国際協調路線とビジネス権益拡大を両立させる動きは、緊張関係にある米国ではなく、アジア太平洋諸国との紐帯強化を狙うプーチンが描く戦略の延長線上にある。一方の日本政府も、欧州、とりわけ北欧諸国を巻き込む形にて北極圏開発に取組む方針を明らかにしている。安倍首相は、２０１７年7月、フィンランドのニーニスト大統領とヘルシンキにて会談し、ロシア隣接国として、北極圏開発や調査、ならびに北極海航路の活用に向けた協働体制を強化することで一致している。

このような文脈において、日本企業にとっては、特にＬＮＧビジネス、ならびに北極海航路の整備・拡充に際して必要となる付随インフラやハイエンドの資機材納入等の分野において、新たなビジネス機会が浮上している。そして、欧州とアジアを橋渡しする北極海航路の拡充は、新たな切り口から国際物流を促進させるだけではなく、ロシア側が日本に期待するシンボリックな経済協力プロジェクトに発展する可能性を秘めているとも言えるのである。

1　2018年3月11日、ロシアのソーシャル・ネットワークで公開された新作映画『プーチン』の中でのインタビューでの発言。

2　ヤマルLNGのプレスリリース参照。http://yamallng.ru/en/press/news/31098/

3　丸紅のプレスリリース参照。https://www.marubeni.com/jp/news/2017/release/00042.html

4　ノヴァテックのプレスリリース参照。http://www.novatek.ru/en/press/releases/

5　ノヴァテックのプレスリリース参照。http://www.novatek.ru/en/press/releases/

第5章

ロシア経済制裁の真実

プーチン率いるロシアは、クリミア、ウクライナ、シリアにおいて自在に軍事展開し自らの「我」というものを押し通してきた。その一方で、これまで見てきたように、プーチンはハード・パワーと経済外交を巧みに組み合わせ、各国と多層構造の関係を維持している。欧米諸国、特に米国と対抗する安保・外交政策を選択したプーチンは、多極的な国際秩序を構築する地域大国として台頭することを志向しつつ、地経学上の戦略から、極東シベリア、北極圏を新たなビジネス・フロンティアと位置付ける。この文脈から、ロシア東方と日本の関係性は、ユニークで可能性に富むビジネスチャンスを生み出していることも見てきた。

経済制裁でロシアに対抗する米国とEU

ロシアのクリミア侵攻、ウクライナへの介入に対し、欧米、特に米国は、たび重なる経済制裁で対抗し、ロシア経済を弱めることで国力低下を狙ってきた。西側諸国の一員でG7の一角を構成するアジアの大国日本は、欧米との協調とロシアとの関係拡大の狭間で模索を余儀なくされている。それでも、安倍首相が主導するロシアへのアプローチは、欧米制裁への協調とロシアとの経済関係の伸長に向けた取組みを、相反させることなく両立させている。ロシアの右傾化を警戒する欧米諸国、特にバルト三国、東欧諸国、ウクライナ、ジョージア（旧名グルジア）といった国々に配慮し、クリミア編入・ウクライナ紛争などの懸案事項について建設的な対応をロシアに要請する一方、日本にとって重要な課題である平和条約締結・領土問題解決については独自の外交を展開している。

こうした環境下、ロシアとのビジネスの現場では、欧米制裁に抵触しない限りにおいて、いかに互恵的なプロジェクトを実現していくかが、日本企業の課題となっている。本章ではロシアへの経済制裁が、ロシアでのビジネスに、実際どのように影響を及ぼしているのか、また、ロシア経済へ与えたインパクトはどのようなものであるのか、詳細に解説したい。前者の問いの結論としては、影響がある分野とない分野がある、ということになるが、制裁があらゆるビジネスの足かせとなっているわけではないことを強調したい。

ロシア・ビジネスと経済制裁

◉ビジネス上のリスクとしての制裁

ビジネス環境という切り口から言えば、欧米諸国による経済制裁の発動は、経済活動にブレーキをかける地政学リスクの顕在化に他ならない。国際協力銀行（ＪＢＩＣ）が毎年実施している、有望事業展開先国・地域に関するアンケートにおいて、「治安・社会情勢が不安」が、ロシアの投資先国としての課題に常に多く挙げられる。これは、経済制裁への懸念が反映されたものと考えられる。

国内基盤を盤石にしたプーチンは、あたかも「現代の皇帝（ツァーリ）」のように振舞っているとも形容される。国民に支持された強い大統領の存在は、国内政治の安定を意味し、ビジネス環境としてはポジティブな要素である。また、ロシア政府の支援を受けるプロジェクトについては、一定の安定性が約束される。他方、権限を一手に手中にしているプーチンは、地政学的な情勢に応じ、自らが主導して再建した機動的な軍組織を思いのまま動かすことができる。従って、第2章で述べたようなロシアの「勢力圏」をめぐる欧米諸国との攻防と、それに伴う経済制裁は、今後も予期せぬタイミングで勃発し、急速な展開を見せるおそれがある。この点は、目下、ロシアを取り巻くビジネス環境として、ネガティブな要素であることに違いはない。

◉影響範囲の見極めが重要

これまでに発動された欧米経済制裁の内容は、一見して非常に複雑なものである。ただ、一定のコンセプトが見出せ、影響範囲を特定することは可能である。それらを正しく理解すれば、ロシアでのビジネスに関わる多くのセクター、企業、団体、個人が、欧米経済制裁とは関係がないということも把握できる。

欧米制裁がターゲットとしてきた、民間ビジネスに影響の大きいセクターは、ロシアのエネルギー、金融分野である。日本企業が強みを有する自動車、自動車部品、建設機械、工作機械、石油化学プラント、タイヤ、医療機器、都市開発、生活環境、再生可能エネルギー、生活資材、衣服等の分野については、基本的には欧米制裁のやり玉にはあがっていない。ただ、米国の財務省外国資産管理室（ＯＦＡＣ）がＳＤＮリスト（Specially Designated Nationals and Blocked Persons List）に掲載するロシアの個人・企業や、それらがコントロールする組織との取引は困難が伴うため、常時確認が必要である。

経済制裁の狙いとその効果

◉経済制裁でクリミアが戻るのか

経済制裁とは、「何らかの政治的効果を生み出すために使われる経済的な制限手段」とされる。ただ、ロシアに発動された経済制裁に期待されている政治的効果や狙いが、クリミア、ウクライナ東部国境の原状回復であるとしたら、それはすでに非現実的なものといわざるを得ない。いかなる経済制裁が発動されたとしても、プーチンは、ロシアに編入したクリミアを自ら手放すことはもはやないであろうし、コントロール下にあるウクライナ東部とロシアの国境管理を素直に第三者にゆだねることもないだろう。

とすれば、当初の目的を果たすことのできないロシアへの経済制裁を継続する米国の意図は、米国が構築した覇権にチャレンジし、多極的な国際関係を創り出そうとするプーチ

郵便はがき

切手を 貼って下さい

150－0043

東京都渋谷区道玄坂 1-22-7
道玄坂ピアビル 5F

東洋書店新社
編集部 行

購読申込書

小社発行図書のご注文は、お近くの書店にお願いします。

お急ぎの場合は、発売元（垣内出版）までお電話、
またはこのハガキでお申し込み下さい。

送料別途。

お問い合わせ：Tel 03（3428）7623 ／ Fax 03（3428）7625

書名		冊
		冊
		冊

ご芳名《フリガナ》　　（部課：　　）
送付先　□□□-□□□□ ☎（　　）　－　　（必ずご記入下さい）

ご購入
図書名

フリガナ
ご芳名　　　　　　　　　　　　　　　　　　　男・女
　　　　　　　　　　　　　　　　　　　　　　歳

ご住所□□□-□□□□　　☎（　　）　－

E-mail

ご勤務先（学校名）
☎（　　）　－

ご購入のきっかけ（番号を○で囲んでください）

1. 広告を見て（新聞名:　　　　雑誌名:　　　　）

2. 書店で見て　3. 弊社ご案内　4. その他（　　　　）

お買い上げ書店名　　　　区・市・町　　　　書店

購読されている
新聞 又は 雑誌

ご感想、編集部へのご意見、今後の出版物へのご希望、ご興味をお持ちの分野など

皆様のご意見は、今後の本作りの参考にさせていただきます。また、ご記入いただいたご住所、Eメールアドレスに、弊社出版物のご案内をさしあげることがあります。上記以外の目的で、お客様の個人情報を使用することはありません。

ンへの政治的な警告なのかもしれない。

◉経済制裁は両刃の剣

経済学者のキンバリー・エリオットは、経済制裁は本来の外交的目的を達成するにはその効果は曖昧であり、多くの場合は効果がないと結論づけている。また、経済制裁は、発動した国自体がネガティブな影響をこうむるブーメラン効果さえ生み出しかねないとする見解もある。

２０１７年６月、国営テレビを通じたロシア国民との直接対話イベントにおいて、プーチンは、「米国国務省は、制裁によるロシアのＧＤＰへの影響は１％、欧州当局はそれよりわずかに大きいと見積もっている」、「国連によれば、我が国（ロシア）の損失は、５００〜５２０億ドルなのに対し、制裁を科している国々の損失は、１０００億ドルに上る。だからこれは、あらゆるものを害する両刃の剣なのだ」と語っている。

プーチンは、経済制裁は双方を傷つける非生産的な手段であるとたびたび述べている。自由貿易の拡大をめざすブレトン＝ウッズ体制は、第二次大戦後、西側先進諸国が構築した。ここでは、欧米制裁下、むしろ欧米諸国が唱導してきた自由貿易の重要性を繰り返し主張するプーチンの姿が逆説的な形で浮かびあがる。経済制裁については、制裁発動国、被制裁国の各々におけるプラス、マイナスの効果を数字で測ることが難しいとされる。ただ、プーチンに対しては、少なくとも政策変更を促すような効き目はなかったと言えよう。

◉経済制裁に頼る米国

２０１３年9月、「もはや米国は世界の警察官ではない」とオバマ前米国大統領は宣言した。中東、中央アジア等の各地で米国の軍事的プレゼンスが相対的に弱まる中、ロシアを含め、米国の一極支配に挑む国家への対抗措置として、米国は経済制裁に頼るところが大きくなったように思われる。イラン、ベネズエラ、北朝鮮等をターゲットとした米国の経済制裁の効果について包括的に分析することは筆者の手に余る。ただ、ロシアに関して言えば、米国は経済制裁によって、自国企業のビジネスチャンスを確実に減殺させたし、その企業活動に大幅な制約を課すことによって、多くの米国企業が現実に不利益を被った。顕著な例として、エネルギー分野、資源開発プロジェクトがまず挙げられる。

ロシア経済制裁の3分野

２０１４年３月以降、断続的に発動された欧米制裁は、大きく括れば、①エネルギー分野、②金融分野、③渡航禁止・資産凍結措置の対象となる個人・法人の三つに向けられている。

◉エネルギー分野、資源開発プロジェクトに対する制裁

――ロシア経済の中軸への制裁

このうちエネルギー分野向け経済制裁は、大深海（約１５０ｍ以深）、北極海（米国制裁）／北極圏（ＥＵ制裁）[1]、シェール層における石油探鉱・生産に必要な技術・物資・サービスの輸出を禁止する。

ロシアの経済テクノクラートは、資源依存型経済からの脱却を経済構造改革の第一に掲げるが、これは、依然としてロシア経済にとって石油輸出による外貨収入が主な歳入源となっている事実の裏返しである。また、ロシアは、ＯＰＥＣとの石油減産調整に見られる

ように、石油を通じて世界経済に影響力を及ぼすパワーを持っている。かくしてポテンシャルは高いが欧米技術に頼る必要のある大深海、北極海、シェール層での石油開発プロジェクトの芽を摘む、あるいはスローダウンさせることがエネルギー分野制裁では企図された。

この措置により、ロスネフチと米国エクソンモービルが計画していた北極圏カラ海・東プリノヴォゼメルスキーブロック1・2・3といった大型の石油開発プロジェクトが凍結状態となっている。また、英蘭シェル、仏トタールが関与していた複数の石油開発プロジェクトも事実上進展を見ていない。[2]

――欧米以外の企業への影響

米国制裁は、基本的には米国法人（個人・企業）にロシアとの経済取引に制限を課し、同様にEU制裁はEU法人（個人・企業）に制限を課すが、第三国の企業にも影響が及ぶことに注意したい。平時であれば米国法人やEU法人のものであっただろう石油開発プロジェクトを、第三国法人が欧米制裁を逆手にとって穴埋めあるいは横取りしたと見なされた場合、米国当局の圧力がかかる。このため第三国企業も、制裁対象となっている石油開発プロジェクトへの参画に慎重にならざるを得ない。これはもちろん、日本企業も例外ではない。

――天然ガス開発とエネルギー輸出パイプラインへの影響

また、このエネルギー分野向け経済制裁は、石油開発にターゲットを限っているように見えるが、実際は、そう単純ではない。多くの大型の石油鉱区では、石油とともに天然ガスが産出されるため、探鉱、生産過程において、両者を明確に切り分けることは難しい。結果ガスの上流開発プロジェクトも対象と見なさざるを得ないことがほとんどであるようだ。石油とガスの両方が産出されることが判明したサハリン３・南キリンスキー鉱区は、２０１５年8月、米国制裁発動により、その鉱区自体を対象として、探鉱等に係る技術等の輸出が禁止された。

さらに、米国議会が主導する形で制定された２０１７年8月2日付対ロシア制裁強化法により、ロシアのエネルギー輸出パイプラインの建設に関する投資または物資・サービスの提供を行った企業・個人（含む外国法人）への制裁が導入される等、エネルギー分野向け経済制裁の内容はより強化された。

これに伴い、ＥＵが取組む「ノルドストリーム２」ガスパイプラインへの影響がすぐにも懸念されたため、ＥＵが猛烈に反発し、これ以降、対ロシア経済制裁に関し、ＥＵが米国と必ずしも共同歩調をとらない契機ともなったことは第2章で触れた。

石油開発分野はロシアの基幹産業であり、特に外国パートナーを必要とする大深海、北極海、シェール層開発といった新基軸に制約を課されるロシア経済へのインパクトは、中長期的な影響も考慮すれば、小さくないことは言うに及ばない。また、当初、米国法人（個人・企業）を対象とした米国によるロシアへのエネルギー分野制裁は、第三国を大いに巻き込みながら、ロシアによる大型石油開発プロジェクトの進捗を抑制している。

［表1］主な凍結状態の石油開発プロジェクト

対象鉱区	現状
北極圏カラ海 東プリノヴォゼメルスキーブロック1、2、3	2011年、ロスネフチと米国エクソンモービルが戦略的協力協定を締結し、ロスネフチ66.7%、エクソンモービル33.3%にて各々出資するジョイント・ベンチャー（J/V）を設立。2014年10月、パヴェダ鉱床の試掘が開始され、129mnトンの石油および392 bcmのガス埋蔵量が確認される。試掘後、エクソンモービルは開発を凍結。
西シベリア ハンティマンシ自治管区4ライセンス地区	ルクオイル51%、トタール49%にて各々出資するJ/Vを設立し、西シベリアのヴァゼノフ・シェール層のタイト・オイル開発のための技術Feasibility Study（F/S）を行う予定であったが、2014年第2四半期以降、凍結。
西シベリア サリム鉱床	2003年以来、ガスプロムネフチと英蘭シェルは、Salym Petroleum Developmentを操業。2014年10月、シェルは、サリム鉱床の一部でのシェール・オイル開発を凍結。
オホーツク海 サハリン3	2015年9月、米国は南キリンスキー鉱区を制裁対象に指定。南キリンスキー石油ガス鉱区は、ウラジオストクLNGプロジェクトおよびサハリン2拡張プロジェクトのガス源候補。ガスプロムは、米国企業を関与させない形での開発を模索。

出典：各種報道等から筆者作成

◉金融分野への制裁――実態と効果

――ロシア国営銀行への長期融資禁止

ロシアでのビジネスに大きな影響を及ぼしている二つ目の制裁は、金融分野に向けられたものである。

米国、ＥＵともにロシア国営銀行である貯蓄銀行（ズベルバンク）、開発対外経済銀行（ＶＥＢ）、外国貿易銀行（ＶＴＢ）（含むＶＴＢ傘下のモスクワ銀行）、ガスプロムバンク、農業銀行に対する長期（米国は14日超、ＥＵは30日超）の新規与信を禁止する制裁を発動した。これらロシアの国営銀行は、ロシア銀行セクター総資産の5割以上、法人向け融資の6割弱、個人向け融資の5割を占め、銀行システムの基盤を構成している。

この金融セクター制裁は、米国は米国法人に、ＥＵはＥＵ法人に、ロシア国営銀行への長期の新規与信を禁ずるものであるため、理論的には、米国法人、ＥＵ法人以外の外国金融機関がロシア国営銀行へ米国ドル、あるいはユーロを融資することまで禁止していない。しかし現実には、世界各国の金融機関は、ロシア国営銀行へ長期の新規融資を行いたくとも、米国ドル／ユーロを送金できない状態である。国際決済システム上、ロシア国営銀行へ長期の新規融資を行うため米国ドル／ユーロを送金するには、物理的な電信決済上、必ず米国法人たる米国の金融機関、あるいはＥＵ法人たるＥＵの金融機関を介在させなくてはならないからである。介在する米国法人／ＥＵ法人は、ロシア国営銀行への長期の新規与信に関する決済サービスの提供も禁止されている。

――ユーロ建融資の抜け道

もっとも、制裁対象とされたロシア国営銀行にヒアリングすると、米ドル建取引については、大きく取扱額が減少しているが、ユーロ建取引については、貿易金融をはじめとしておおむね影響がないとの回答が返ってくることが多い。あまり知られていないが、２０１４年9月12日付けでＥＵが発動したロシア国営銀行等に対する長期の新規融資等の禁止措置には抜け道が用意されている。公布された文言をよく読むと、欧州とロシア間の制裁対象物品（大深海、北極圏、シェール層開発プロジェクトにおいて石油探鉱、生産に使用される設備、武器等）を除く一般物品に係る取引については制裁対象外とされている。[3]

２０１６年1月、モスクワで開催された貿易金融セミナーにおいて、公的輸出信用機関のドイツEuler Hermesは、２０１５年のロシア向け新規与信額を36億ユーロ（２０１４年は同22億ユーロ）、イタリアＳＡＣＥは、10億ユーロ（２０１４年は同1・2億ユーロ）と公表しており、２０１５年の欧州とロシアの貿易高が37・6％減少したことを勘案すると、欧州の公的輸出信用機関による保険適用は、おおむね健在であったといえよう。

――融資だけでない米国ドルの供給元

また、ロシア国営銀行が、米国ドルを外国金融機関から長期の融資という形で調達できないため、手元の米国ドルが完全に干上がっているかといえばそうとも言えない。ロシア国営銀行の当事者から仄聞したところでは、ロシア国営銀行は、ロシアの大手石油会社の米国ドル建て口座を保有しており、石油輸出決済が米国ドル建てで行われる場合、そうした大手石油会社の石油輸出代金収入である米国ドルを預金として確保できるのだという。そのため使用可能な米国ドルは相応に手元にあるという。

――大きなマイナス影響――欧州復興開発銀行のケース

ＥＵによる制裁に関し、もう一つ付け加えておこう。ＥＵのロシア国営銀行向け金融制裁については抜け道がある一方、欧州国際金融機関である欧州復興開発銀行（ＥＢＲＤ）および欧州投資銀行（ＥＩＢ）のロシア向け新規与信の一律停止は、抜け道がなく、ロシアでのビジネス環境や地域社会開発に対し、実態として非常に大きなマイナスのインパクトを及ぼしている。

ＥＢＲＤによるロシア向けファイナンスは、日本企業が取組むプロジェクトにも数多く活用されてきた。ロシアはかつてＥＢＲＤの最大の与信国であり、２０１２年第３四半期に１０４億ユーロあったポートフォリオ（全体に占めるロシアの割合は30％超）は、２０１４年7月以降新規与信を停止したため、２０１７年第１四半期に37億ユーロ（同11・7％）まで大幅に減少した。

ＥＢＲＤは、ロシアの民間セクターを主な与信先としてその育成に大きな貢献を果たしてきたが、見逃せないのは、サブ・ソブリンともいわれるロシアの地方自治体向け与信である。ＥＢＲＤは、ロシア全域をカバーする7拠点（モスクワ、サンクトペテルブルグ、エカテリンブルグ、サマーラ、ロストフ・ナ・ドヌー、クラスノヤルスク、ウラジオストク）を駆使して、熱電併給、水処理設備およびエネルギー効率改善等のプロジェクトを推進してきた。[4] すべてのプロジェクトではないが、その手法も融資返済について、ロシアの地方自治体による保証を受け入れ、現地通貨ルーブル建てでファイナンスされるものであったため、地方自治体政府にとっては、都市インフラ等を整備する上で使い勝手の良い貴重な資金ソースであったといえる。地域社会の発展に貢献するＥＢＲＤファイナンスの喪失は、ロシアにとって大きな痛手であり、ロシア自身がＥＢＲＤへの出資国（全体におけるロシアの出資割合は４・１％（２０１７年3月末時点[5]）でもあるため、毎年の

ＥＢＲＤ理事会では、経済発展相を派遣して、新規与信の一律停止という不当な措置を一刻も早く解除するよう声高にクレームしている。[6] これまでオレシュキン経済発展相は、各国理事に対し、事態打開に向け精力的に働きかけを行ったが、Ｇ７諸国の反対により与信再開の判断は依然として下されていない。

◉米国ＳＤＮリストへの掲載——特定の個人、企業、団体への制裁

——ＳＤＮリストとは

ロシアでの経済活動に大きな制約をかける三つ目の制裁、これは米国制裁に関するものとなるが、米国財務省外国資産管理室（ＯＦＡＣ）のＳＤＮリストへの掲載が挙げられる。

ＳＤＮリストは、米国の安全保障を脅かすものとして指定された個人、企業、団体等が掲載され、在米資産凍結、米国への渡航禁止、米国法人（個人・企業）との取引禁止等の制裁措置が講ぜられる。これに加え、２０１４年12月18日付で制定されたウクライナ自由支援法は、ウクライナ問題に関係してＳＤＮリストに掲載された先に対して、相当規模の金融取引を故意に促進した外国金融機関（含む各国中銀、公的輸出信用機関（ＥＣＡ））を、米国の制裁対象とし、具体的な措置として米国金融システムから排除（口座開設、送金等

れた対ロシア制裁強化法に取り込まれる形で改めて法制化された。

の禁止）することとした。このウクライナ自由支援法は、２０１７年8月2日付で制定さ

――グレーゾーン取引とビジネスへの影響

この制裁措置により、ＳＤＮリストに記載されているロシアの個人、企業、団体に対し、外国金融機関が融資や金融サービスを提供することは事実上、困難となっている。また、ＳＤＮリストに記載されているロシアの個人、企業、団体が１００％でなくとも一部株式を保有して、ロシアの企業やプロジェクトのスポンサーとなっていたり、実質的に経営を支配していたりする場合、融資が可能か、その都度、判断が求められることになる。具体的には、ＳＤＮリストに掲載されているロシアの個人や企業が、実態としてどの程度、融資しようとしている企業やプロジェクトをコントロールしているのか、定量的かつ定性的な検証作業が必要になるのである。こうした、制裁抵触の有無について、ケースごとに判別が必要とされる取引は、グレーゾーン取引と言われる。

大規模資本の外国金融機関、とりわけ全体の収益における海外ビジネスのウェイトが大きい大手金融機関については、米国で金融子会社や資産を保有しているため、米国ＯＦＡＣとの中長期的な関係を考慮し、制裁との抵触について見解が分かれるようなグレ

［表2］米国制裁違反に係るペナルティ支払の主な事例

銀行名／発生年	ペナルティ（百万ドル）	制裁抵触理由
BNP Paribas（仏）／2014年	8,970	スーダン、イラク、キューバとの取引
HSBC（英）／2012年	1,900	メキシコ麻薬カルテル口座提供、イラン、シリア、北朝鮮企業との取引
Commerzbank（独）／2015年	1,450	イラン、スーダン関連団体との取引、オリンパス粉飾決算関与
Credit Agricole（仏）／2015年	787	イラン、ミャンマー、スーダン、キューバ、コロンビア関連の取引
ING（オランダ）／2012年	619	2002〜07年イラン、ミャンマー、スーダン、リビア、キューバ顧客との取引
Credit Suisse（スイス）／2009年	536	ミャンマー、イラン、スーダン、キューバ、リビア顧客への便宜
Royal Bank of Scotland（英）／2010年	500	2005〜09年イラン、ミャンマー、スーダン、リビア、キューバ顧客との取引
Lloyds Bank（英）／2009年	350	イランの銀行、2001〜04年スーダン顧客との取引
Standard Chartered（英）／2012年	340	イランとの取引
Barclays（英）／2010年	298	1996〜2005年イラン、ミャンマー、スーダン、リビア、キューバとの取引
Deutschebank（独）／2015年	258	イラン、シリア、スーダン、リビア等の顧客との取引
Intesa Sanpaolo（伊）NY支店／2016年	235	マネーロンダリング法違反（NY州DFS）

出典：各種報道から筆者作成

ーゾーン取引については、一般に取引を避けることが多い。また、制裁に抵触したと指摘された場合にOFACから科せられるペナルティ（制裁課徴金）は、複数年にわたる利益が帳消しとなってしまうほど高額に及ぶケースがあるため、銀行経営上の大きなリスク要因となっている。西側諸国の銀行勢が、制裁の抵触について見解が分かれるグレーゾーン取引に慎重になっている場合、米国OFACとの関係に配慮していることがほとんどである。

詳解　米国SDNリストによる制裁

◉SDNリストに掲載された個人・法人

——ターゲットはプーチンを支える権力構造

米国OFACがウクライナ自由支援法を通じて制裁ターゲットとしたSDNリストに掲載された主な個人・法人についてくわしく見ていきたい。米国のロシアに対する制裁は、イランや北朝鮮に発動されたような包括的なものではなく、対象個人・法人やセクターを絞った選択的なものである。そこには米国制裁の意図がうかがえる。プーチン大統領を支える権力構造に着目し、その中核をターゲットとしているのである。したがい、米国制裁の対象とされた個人・法人とその制裁理由を把握しておくことは、現在だけではなく、将来のロシアでのビジネスに対する米国制裁の影響を見通す上で有益である。

――プーチンの取り巻きたち

プーチン大統領は、幼馴染み、柔道習得時の練習パートナー、KGB勤務時の同僚、サンクトペテルブルグ市勤務時の同僚、それ以外の有能なテクノクラート等を、(ア) 国防・安全保障・諜報セクション、(イ) 行政（大統領府・内閣等）・立法（議会トップ）セクション、(ウ) 実業（ビジネスインナーサークル、国営企業トップ）セクションの3つの領域にバランスよく配置し、側近で周辺を固めた権力構造を構築している。米国政府は、こうした権力構造を踏まえ、クリミア侵攻およびウクライナ東部介入に関する政策決定に与えた影響力の度合いに応じて、国防・安全保障・諜報機関、大統領府、内閣および議会の有力者をSDNリストに掲載していった。

ロシアとのビジネスとの関係で重要なのは、プーチン政権にダメージを与えるために、プーチン大統領のビジネスインナーサークルに属する有力者が段階的にＳＤＮリストに掲載されたことである。プーチンは、国営企業のみならず、民間のロシア寡占資本家の資金を利用して、自らが主導する政治イベントや経済プロジェクトを推進することがある。これは特に、パイプラインや橋梁といったインフラ、オリンピックやサッカー・ワールドカップといった国威発揚のために行うスポーツ祭典用の施設（スタジアム、ホテル等）、軍需ビジネスにおいて顕著である。米国政府は、国営企業トップのように目立つ存在ではないが、実業の分野で、プーチンの分身となって国策事業を推進するロシアの寡占資本家、すなわちビジネスインナーサークルの有力者をＳＤＮリストに掲載して狙い撃ちした。

――リスト掲載者を中心に広がる影響

前述の通り、ＳＤＮリスト掲載者がロシアの企業やプロジェクトを何らかの形でコントロールしている場合、外国金融機関による融資が困難となるため、外国企業はロシアでのビジネスに慎重にならざるを得ない。また、ＳＤＮリスト掲載者は、在米資産が凍結され、米国への渡航が禁止されることから、米国企業との間ではコミュニケーション上のハンデを負う。これもプロジェクトにブレーキをかける。ロシアでの大規模な外資参入を伴う経済プロジェクトは、一般にトップダウン型の経営判断により進められ、ロシア側のトップマネジメントとのコミュニケーションや意思疎通が行われないまま、大規模な資本投下を伴うプロジェクトが推進されることは非常にまれであるためである。

◉オバマ政権時代のＳＤＮリスト

――ローテンベルグ兄弟、チムチェンコ

オバマ前米国政権は、２０１４年3月、プーチン大統領のビジネスインナーサークルの中核にいると目される寡占資本家のローテンベルグ兄弟（ボリス、アルカーディ）、同年4月にはチムチェンコ氏をＳＤＮリスト掲載対象者とした。また、彼らが保有している企業についても順次ＳＤＮリストに掲載した。

ローテンベルグ兄弟は、プーチン大統領の幼馴染みとされ、ホッケー、サッカー、レーシング等のスポーツ振興活動を通じてプーチン大統領と常時コンタクトがあり、サンクトペテルブルグにて柔道スポーツクラブYawara-Neva（プーチン大統領が名誉会長）を創設した一人とされる。ビジネスとしては、パイプライン建設大手Stroygazmontazh等の支配下にある企業を通じてガスプロムのガスパイプラインプロジェクトやクリミア半島に通じるケルチ海峡の架橋建設等を請負っている。

チムチェンコ氏は、1990年代以来のプーチン大統領の友人とされ、プーチン大統領の意向を忖度し、ホッケー、サッカー、柔道をはじめとするマーシャル・アーツ振興を支援してきた。2018年ワールドカップサッカー用のスタジアムを2都市（ニジニノヴゴロド、ヴォルゴグラード）で建設しており、2011年以来、Russian Geographical Society（RGS）理事（プーチン大統領が会長）やロシア・フランス商工会議所会長も務める。Volga Group等を通じて、エネルギー、石油化学、建設等企業の資産を保有している。

――セーチン、チェメゾフ

さらに同時期、米国政府は、ロシア最大の石油会社ロスネフチ会長のセーチン氏、最大手軍需産業ホールディングであるロステクCEOのチェメゾフ氏もSDNリスト掲載対象とした。セーチン氏は、2012年よりロスネフチCEO兼会長、ロスネフチガス会長を務めるが、1990年代プーチン大統領がサンクトペテルブルグ市対外経済委員会委員長であった頃から、プーチン大統領の政治キャリアを支える側近中の側近の一人である。また、チェメゾフ氏は1980年代、プーチン大統領が、KGB諜報員として東ドイツ・ドレスデンに勤務していた際の同僚とされ、軍需産業のみならず、ロステクを通じてロシア大手自動車会社AvtoVAZの株式も保有している。

ローテンベルグ兄弟、チムチェンコ氏、セーチン氏、チェメゾフ氏は、クリミア侵攻やウクライナ紛争に関する政策決定に当事者として関与した政治家や軍人ではないが、実業の分野においてプーチンを陰になり日向になり支える核心として、オバマ前米国政権はSDNリスト掲載者に指定した。これに伴い、ビジネスの現場においては、特にローテンベルグ兄弟、チムチェンコ氏、セーチン氏、ならびに彼らが関与する企業との取引の際、米国制裁への抵触の可能性を十分かつ慎重に検証しなくてはならなくなった。

◉トランプ大統領就任後のＳＤＮリスト

——裏切られた融和への期待

その後、２０１７年1月に発足したトランプ政権は、ロシアに対して融和的なアプローチを取ると見られた。プーチン大統領を「偉大なリーダー」と呼び、米露関係の修復を呼びかけ大統領に就任したトランプ氏の一存によっては、制裁が一気に解除されるのではないかといった観測さえ流れた。しかし現実はまったく逆の方向に展開する。

米国議会は、トランプ大統領が、ロシアに対し、過度に融和的な政策を選択することを警戒した。米国大統領選挙時のロシアとの共謀疑惑「ロシア・ゲート」をめぐる調査の進展と、トランプ大統領を追い落とそうとする米国の国内政治の力学も作用して、2017年8月2日、対ロシア制裁強化法が米国上院・下院の両方において圧倒的多数で可決された。

この対ロシア制裁強化法は、制裁の撤廃・不適用に関して議会による事前承認を義務化したことが、最も大きなポイントである。トランプ大統領にとっては、ロシアへの切り札ともいえる交渉カードを奪われた格好となった。米国上院・下院の圧倒的多数で可決されたため、米国大統領が拒否権を発動しても法案を葬り去ることはできず、トランプ大統領は、渋々、署名に応じることを余儀なくされた。二つの大統領声明で「法案は、大統領が米国憲法で与えられている外交特権を侵害するものであり、さまざまな欠陥を抱えている」、「米国大統領の交渉に関する裁量を制限することで、米国国民にとって良い合意を引き出すことを困難にし、中国、ロシアおよび北朝鮮のさらなる接近を促進することになるだろう」と恨み節を述べている。

いずれにしても、米国によるロシア向け経済制裁は、簡単には、緩和・解除されないことが、ロシアでのビジネスを行う上での新たな前提となったのである。

――さらに強化された制裁

さらに事態はエスカレートする。米国財務省は、対ロシア制裁強化法の第２４１条に基づき、２０１８年1月、ロシア政府要人１１４名、企業トップ96名を対象とする、いわゆるクレムリン・リストを公表した。ただ、このリストに載った人物に新しい制裁を科すというものでないことが、リストを含むレポートに明記されたため、米国内の対ロシア強硬派からは、位置づけのはっきりしない無意味なものと非難された。こうしたロシアに対し弱腰とする声も勘案してか、ムニューシン財務長官は、「リスト対象者への新たな経済制裁を検討する」と応じた。はたして、その後、４月６日、米国政府による対ロシア追加制裁が発動された。

――新たな制裁者リスト

トランプ大統領は、ロシアへ新たな経済制裁を科すことには一般に消極的と見られていたが、プーチン政権およびロシア経済界に向けられた4月6日発動の追加制裁は非常に厳しいものであった。

ジューミン・トゥーラ州知事（元国防省次官）、フラトコフ元首相（元ロシア対外情報庁長官）、コサチョフ連邦院国際問題委員会委員長、コロコリツェフ内務相、パトルシェフ安全保障会議書記、ゾロトフ国家警備軍総司令官といった政府要人に加え、グローバルにビジネス展開している有力な国営企業トップと寡占資本家がSDNリストに加えられた。国営企業については、世界最大のガス企業ガスプロムのミレル社長、大手石油企業スルグトネフチガスのボグダノフ社長、大手国営銀行VTB（外国貿易銀行）コスティン総裁、ガスプロムバンク・アキーモフ総裁、寡占資本家については、アルミ・電力等コングロマリットEn＋Groupデリパスカ元社長、アルミ・エネルギー等コングロマリットRenova Groupヴェクセリベルグ社長らが対象となった。また、デリパスカ氏傘下のEn＋Group、大手アルミ企業Rusal、大手電力企業Eurosibenergo、エネルギー・製造業等コングロマリットBasic Element、ヴェクセリベルグ氏傘下のRenova GroupもSDNリストの掲載対象となった。

――SDNリストがもたらした混乱

これらのうち、最も実体経済に大きな影響を及ぼしたのは、大手アルミ企業Rusalのケースである。Rusalの時価総額（香港取引所）（2018年4月18日時点）は、89億ドルから27・5億ドルへ69％下落し、ロンドン金属取引所（LME）は4月17日よりRusalブランドのアルミ取扱いを停止した。Rusalのアルミ生産シェアは世界の6％、欧州市場全体におけるシェアは25％を占めるため、アルミ供給量が大幅に減少するとの見通しから、アルミ価格が高騰した。想定を超える市場でのインパクトと欧州諸国等からの反発から、米国財務省は、Rusalへの制裁措置の適用除外を認める猶予期限を、６月５日から10月23日に延長し、デリパスカ氏が実質的な経営権を放棄すればRusalへの制裁を解除すると示唆するに至った。

また、４月15日、反ロシアの急先鋒の一人である米国のヘイリー国連大使が、シリアの同盟国であるロシアに一段の追加制裁を科すと述べたが、ホワイトハウスがそれを否定するといった混乱もみられた。

――制裁の狙いの変質

従来の制裁措置は、クリミア侵攻、ウクライナ紛争と明確に関連付けられて発動されたが、４月６日の追加制裁は、その根拠がより広く曖昧となった点に特に留意が必要である。米国ムニューシン財務長官は、クリミア占領、ウクライナ紛争、アサド政権支援、西側の民主主義への阻害行為、サイバー攻撃といったロシアによる「悪質な行為全体」をその根拠とし、制裁対象となった政府要人や寡占資本家は、腐敗したロシアの制度から不当に富を得てきたと説明している。また、欧州諸国の強い反発を招いたことから、西側同盟国と

[表3] SDNリスト掲載対象の個人・法人

(ア)国防・安全保障・諜報セクション、**(イ)**行政・立法、**(ウ)**実業の各セクションにおけるSDNリスト掲載対象の個人・法人について列挙した。なお、役職タイトルは、2018年5月7日のプーチン第4期大統領就任前のものである。

(ア)国防・安全保障・諜報セクションの有力者

パトルシェフ安全保障会議議長、ナルィシキン対外情報庁長官、ゾロトフ国家警備軍総司令官、イワノフ前大統領府長官(現大統領特別代表(自然保護・環境・交通運輸担当))、ジューミン・トゥーラ州知事(元国防省次官)、フラトコフ元対外情報庁長官

力を意味するロシア語「シーラ」を語源として、この勢力は「シラヴィキ」と表現される。

(イ)行政(大統領府・内閣等)・立法(議会トップ)セクションの有力者

大統領府	グロモフ大統領府第一副長官、スルコフ大統領補佐官、グラジエフ大統領顧問、フルセンコ大統領補佐官
内閣	ロゴジン副首相(国防等担当)、コザク副首相、コロコリツェフ内務相
金融セクター	トーシン中央銀行副総裁
議会	マトヴィエンコ上院議長、ヴォロジン下院議長、コサチョフ連邦院(上院)国際問題委員会委員長

(ウ)実業(ビジネスインナーサークル、国営企業トップ)セクションの有力者

プーチン大統領ビジネスインナーサークル	ゲンナジー・チムチェンコ氏、ローテンベルグ兄弟(兄アルカーディ、弟ボリス。兄アルカーディの息子イーゴリ)、ユーリ・コバルチューク氏(プーチン大統領のサンクトペテルブルグ時代からの友人。メディア、金融、保険分野で活動。プーチン大統領が関係するとされる保養施設等管理用の共同組合Ozeroの共同創設者の一人)、ニコライ・シャマロフ氏(プーチン大統領のサンクトペテルブルグ時代からの友人。Ozeroの共同創設者の一人。長男のユーリ・シャマロフ氏はGazfond(ガスプロムバンクの主要株主)会長兼ガスプロムバンク副会長。次男のキリル・シャマロフ氏は、プーチン大統領の娘婿とされる(ただし現在の婚姻関係は不明))
国営企業トップ等	イーゴリ・セーチン氏、セルゲイ・チェメゾフ氏、アレクセイ・ミレル氏(2001年よりガスプロムCEO兼会長。国営企業トップの中で最長の勤務歴。1990年代プーチン大統領がサンクトペテルブルグ市対外経済委員会委員長であった頃の部下)、ヴラジミール・ボグダノフ氏(大手国営石油企業スルグトネフチガス社長)、アンドレイ・コスティン氏(大手国営銀行VTB(外国貿易銀行)総裁。元外交官)、アンドレイ・アキーモフ氏(大手国営銀行ガスプロムバンク総裁)

事前の調整がなされていないことが改めて明らかになった。さらに、グローバルにビジネス展開しているロシア企業をＳＤＮリストに掲載するにあたって、市場へのインパクトが事前に入念かつ精緻に分析された形跡もうかがえなかった。

これらの観点から、トランプ政権が、今後どのように対ロシア制裁を取扱っていくのか、一層、不透明性が増したと言わざるを得ない状況である。

米国同様見通しの立たないＥＵの制裁解除

これまでロシア向けビジネスに大きなインパクトを及ぼしている米国の対ロシア制裁について述べてきた。一方、ガス調達等を中心としてロシアと太い経済的紐帯を有するＥＵは、トランプ政権が発動する制裁とは、もはや共同歩調をとっていない。それでは、ＥＵの対ロシア制裁の見通し、とりわけ解除される見込みはどうであろうか。なお、米国の制裁解除については、米国議会の事前承認が必要となったため、容易でないことはすでに述べた。

ＥＵによる金融・エネルギー分野をターゲットにした経済制裁は、６ヶ月の有効期限が設けられている。その延長の決定にはＥＵ加盟国28ヶ国の全会一致の賛成が必要であるが、２０１４年7月に発動されて以降、６ヶ月ごとに延長が繰り返されている。

◉ウクライナ紛争と結びつけられたＥＵ制裁

ＥＵは制裁解除の前提として、ウクライナ紛争の停戦協定である「ミンスク２」(２０１５年2月合意）の完全履行を求めている。しかし、停戦のプロセスは、事実上、袋小路に入ってしまっており、見通しが何ら立っていない状況が継続している。

「ミンスク２」は13項目の段階的なプロセスを規定しており、完全な停戦→捕虜交換→ウクライナ反政府活動家等への恩赦→ウクライナ憲法改正（ドネツク州およびルガンスク州の特別な地位の付与）→ドネツク州およびルガンスク州の地方選挙実施→ウクライナによる国境管理の回復、が基本的な流れとなるが、実態としては、完全停戦や重火器の撤去でさえ、十分と言えない状況である。

ポロシェンコ・ウクライナ大統領は、ウクライナ東部でのロシアの攻勢を止めさせるため、止むを得ず、「ミンスク２」に合意したが、この協定はそもそもドネツク州およびルガンスク州の一部について、ウクライナ政府の主権が及ばない恒久的な自治権を付与する「特別な地位」を認める内容であり、ロシア側の主張が大きく受け入れられたものであった。ポロシェンコ政権としては、ウクライナ領土保全・一体性確保の旗を下ろすことはできず、政権を維持するためにも「ミンスク２」に則った段階的プロセスを具体的に前進させることは非常に難しい状況にある。

◉制裁解除も袋小路に

このため「ミンスク２」完全履行にこだわる限り、ＥＵ制裁解除の見通しも立たないというのが実情であろう。「ミンスク２」合意を主導したドイツ・メルケル首相は、２０１８年３月、第４次政権を発足させており、対ロシア制裁解除の条件として、「ミンスク２」の完全履行を一貫して主張している。トランプ政権発足以降、米国とＥＵのロシア向け制裁は、足並みが揃っているわけではないが、ＥＵ制裁についても簡単に解除されることはないという認識を持つことが必要である。

ロシア経済へのインパクト

米国とEUによる対ロシア経済制裁は、個人・法人に対する米国・EUへの渡航禁止や在米国・EUの資産凍結、エネルギー分野、金融分野を主なターゲットとしており、特に米国のウクライナ自由支援法および対ロシア制裁強化法に基づくSDNリスト掲載者への制裁措置は、外国金融機関も制裁対象に巻き込むもので、大きな影響があることを見てきた。

それでは、この欧米制裁が、ロシア経済に与えたインパクトはどのようなものであったのだろうか。その中長期的な影響は、今後も検証が必要であるが、ここでは、2014年から2017年のロシア経済の動向について焦点をあてて分析してみたい。

結論から言ってしまえば、ロシア経済は、欧米制裁に対して優れた耐性を示し、その経済の実相は、良くもないが決定的に悪化もしなかったと総括できる。

◉油価の下落とのダブルパンチ、のち早い回復

欧米制裁は、2014年7月頃より本格化したが、そのタイミングに合わせるかのように、2014年下期から油価も大きく下落し始めた。この2つの外的ショックを背景として、ロシアのGDP成長率は、2015年マイナス2・8％、2016年マイナス0・2％と2年連続のマイナス成長を記録した。しかし、ロシアのGDP成長率は、2016年第4四半期より、前年同期比プラス0・3％に転じ、2017年第1四半期は同0・5％、2017年第2四半期は同2・5％となった。製造業は、自動車・トレーラー、医薬品、化学品等が伸長し、鉱工業も復調した。情報通信や金融セクターも伸長した。

実質平均賃金の上昇や個人消費、投資が本格回復することが課題とされるが、対ドル・ルーブル為替レートについては、2017年1月以降、1ドル当たり50〜60ルーブルのレンジで安定的に推移するに至った。これにより、格付会社ムーディーズは、2017年2月、ロシアのソブリン格付Ba1の見通しを「ネガティブ」から「安定的」に、2017年3月、スタンダード&プアーズも同格付BBプラスの見通しを、「ポジティブ」に引上げしている（スタンダード&プアーズはその後、2018年3月に同格付を投資適格級のBBBマイナスへ格上げし、見通しを「安定的」としている）。成長に向けた経済全体の

動きは依然としてダイナミックさに欠けるが、2017年2～3月の時点において、少なくとも大きな危機を迎えることなく、景気の底は打ったと分析できる。

2014年下期より、ロシア経済は苦境を迎えたが、対外債務不履行といった最悪の事態に至るような懸念は生じなかった。中間所得層の国民であっても、支出を控え我慢を強いられる局面もあったが、ロシア全土を深刻な社会不安が覆うような展開もなかった。それにはいくつかの要因が考えられる。

◉制裁よりも油価

まず、ロシアの実体経済に及ぼす影響は、欧米の制裁よりも油価下落の方が大きいという側面である。

2014年、1バレル当たり100ドル近辺で推移していた油価は、2016年1月、1バレル当たり27・10ドル（ブレント原油価格）と12年振りの安値を記録し、ルーブルの対ドル為替レートは、2015年通期で平均1ドル当たり60・7ルーブルであったが、2016年1月22日、1ドル当たり83・6ルーブルまで大幅に減価した。その後、2016年12月のロシアが主導する非OPEC国とサウジアラビアを中心とするOPEC

加盟国による石油の減産合意を契機として、油価は回復基調に至り、これとともにロシア経済も落ち着きを取り戻した。

プーチン大統領は、２０１７年6月の国営テレビを通じたロシア国民との対話イベントにおいて、「制裁がわが国に影響を及ぼしているかと言えばその通りであるが、大きな影響とは思わない。わが国の伝統的な産物である石油・ガス、金属、化学製品等の市況低迷の影響の方が大きい」と分析している。

実際、ロシアの経済構造は、石油・ガス、とりわけ石油に依存しており、２０１４年のロシア歳入全体の51・2％（a）は石油・ガス収入によっており、うち石油・石油製品に係る資源採掘税および輸出税収入の割合は、88・4％（b）に及ぶ。この場合、歳入全体の約45％（＝a×b）は石油収入に頼っていることになる。歳入全体に占める石油・ガス収入の割合は、２０１５年は42・9％、２０１６年は35・9％と低下傾向にあるが[7]、依然として主軸の歳入源であることに変わりはない。

ロシアは、世界最大規模のガス埋蔵量を有し、ＥＵ産業を支えるガスを供給していることから、ガス産業のイメージが強いが、歳入構造の観点から言えば、石油の重要性がより高い。ロシアで定評あるエネルギー・コンサルタントによれば、操業費、輸送費、管理費、税金等を合算したロシアでの石油生産コストは、32ドル／バレル程度であり、一般に、ロシアの石油企業は、油価が50ドル／バレルを超えた場合、新規油田開発に積極的な投資が可能となるが、30ドル／バレルを下回った場合、消極的になるという。油価低迷は、ロシアにおける新規投資も全体として下火にさせる。

◉逆に伸びた国内産業

次に、欧米制裁を逆手にとった輸入代替政策や、農業をはじめとする国内産業育成に向けた施策が奏功したとする見方がある。

プーチンは、欧米制裁への対抗措置として、米国、ＥＵ、カナダ、オーストラリア、ノルウェー、ウクライナ、アルバニア、モンテネグロ、アイスランド、リヒテンシュタインから、チーズ、魚介類、牛肉、豚肉、鶏肉、野菜、乳製品等の52品目の食品関連の輸入を禁止した。こうした輸入禁止物品については、国内品への需要が伸長し、産業の再興に繋がっているとされる。ＧＤＰを生産部門別にレビューしてみると、２０１５年に４・６％減少した製造業において、２０１６年は１・１％成長している。衣服、木材加工、ゴム・プラスチック製品、電気機械、自動車、その他輸送機器等の多くの部門で、２０１５年における減産状態から、増産に転じている。そのほか、食品、化学も好調を維持しているが、これらは輸入代替政策によるところが大きいと分析されている。[8]

◉ロシア中銀ナビウリナ総裁による金融政策

さらに、欧米制裁は、投資家マインドを冷え込ませる心理的な効果があるが、ロシア中銀による一貫した金融政策が市場に安心感を与えたとされる。

一般に、ロシア中銀のナビウリナ総裁の金融政策は内外からの評価が非常に高い。２０１４年下期のルーブル急落を踏まえ、ナビウリナ総裁は、２０１４年11月より完全な変動相場為替にすみやかに移行させたが、これが油価下落に伴う経済的なインパクトを緩和する効果を上げたと評価されている。

２０１５年のロシアの貿易は、輸出に加え、輸入も大きく減少したが（２０１５年輸出は前年比マイナス31％、輸入は同マイナス36％）、油価下落に伴う大幅なルーブル減価は、主要輸出品である石油・ガスの輸出競争力を改善させ、貿易収支黒字の確保に貢献している側面がある。ルーブル減価に伴うインフレ高進リスクに対し、ナビウリナ総裁は、政策金利であるキー・レートを高めに維持する金融引締策を継続しており、２０１５年半ばに15％を超えていたインフレ率は、２０１６年１月から10％を下回り、２０１６年は通年で

5・4%、2017年は同2・5%にまで抑制された。ロシア中銀は、落ち着きのある物価動向が、消費者に対し、中長期的な観点にたった購買を促す効果があり、事業者による投資マインドも回復させると分析している。

◉有能な財政・金融テクノクラートの存在

また、財政運営を掌るシルアノフ財務相の財政健全化に向けた粘り強い取組みも市場に好感されている。

経済発展相も務めた経歴のあるナビウリナ総裁と比較して、シルアノフ財務相は、一貫して財政当局のテクノクラートとしてキャリアを重ねた。シルアノフ氏は、逆風下、堅実な財政運営が評価され、プーチン第4期政権では、第一副首相兼財務相に抜擢された。ナビウリナ総裁、シルアノフ財務相ともに1963年生まれ(55歳)の同年代である。

近年のロシアの経済・金融の行政フィールドでは、彼らよりもさらに一世代若い人材の活躍が目立つ。2015年3月、財務次官から経済発展相に任命された1982年生まれ(35歳)のオレシュキン氏は代表格である。特にオレシュキン経済発展相は、対日貿易経済協力担当大統領特別代表も兼任しており、日本にとって重要なカウンターパートとなっている。

外国資本を呼び込むための戦略的な国営ファンドであるロシア直接投資基金(ＲＤＩＦ)のトップであるキリル・ドミートリエフＣＥＯ（１９７５年生まれ、43歳）の活躍も目立つ。同ＣＥＯは、スタンフォード大学、ハーバード・ビジネス・スクールで学び、ゴールドマンサックス、マッキンゼー等でキャリアを積んだ典型的な西側留学組エリートであるが、２０００年ロシアに戻り、やり手米国ビジネスウーマンであるパトリシア・クロハティ氏に師事しつつ、ロシアのプライベート・エクイティ・ファンドの先駆けとなるDelta Private Equity Partnersを成功させる。２０１１年、ＲＤＩＦのＣＥＯ就任以来、アジア、中東、欧州各国の政府系ファンド等とのパートナーシップを構築し、中国投資有限責任公司とは20億ドルの共同ファンドである中露投資ファンド（ＲＣＩＦ）を立上げ、これまで数多くの投資案件を成立させている。

２０１７年9月、第3回東方経済フォーラムへ安倍首相が参加した機会を捉えて、国際協力銀行（ＪＢＩＣ）もＲＤＩＦと共同投資枠組みを創設した。この共同投資枠組みは、ＪＢＩＣとＲＤＩＦが日露投資ファンドの管理・運営主体として協働して案件を発掘・選定し、共同で投資を行う仕組みであり、事業規模としては日露双方合計で10億米ドルが想定されている。[9]

景気後退局面にあっても、ＲＤＩＦは、各国の政府系ファンド等とのパートナーシップや海外投資家・グローバル企業との対話を活性化させ、こうした活動についてメディアを通じて積極的に発信している。これらは、外国資本の誘致を通じたロシアの各産業の振興、ロシアの投資市場の育成に加え、欧米制裁の最中にあっても、外国との連携が続いていることを示す上で機能したと言えよう。

ロシア経済　今後の見通し

以上から、これまでのところ、ロシアは、欧米制裁と油価下落の二重の大きな外的ショックにうまく対処してきたと言えよう。ただ、経済構造の改革を促し、成長を牽引するような新たな産業の輪郭もはっきりしない中、向こう数年間のロシアＧＤＰの成長率は１・５〜２％程度に留まるとされる。

◉懸念材料

また、労働人口減少への対策も喫緊の課題とされる。イノベーションの欠如、低い労働生産性、設備の老朽化・陳腐化等も懸念材料に挙げられる。資源依存型の経済構造も依然として不安定要因である。ロシア政府は、油価を41～43ドル／バレルと想定して２０２０年までの連邦予算案を策定しているが、仮に油価がこの水準を下回った場合、財政赤字が拡大し、油価が高止まりしていた頃の「過去の蓄え」である国家社会福祉基金の残高も目減りしていく（財政赤字補てんにより、２０１７年に予備基金は枯渇する見通しとなったため、残高わずかとなった予備基金は、２０１８年初頭に国家社会福祉基金に統合された）。

◉ロシアが描く成長モデル

こうした中、ロシアでは、今後の経済成長モデルとして、①財政規律を重視するプラン（クドリン元財務相（現会計検査院長官）と戦略策定センターによる経済発展戦略「クドリン・プラン」）、②財政支援やビジネスの利益保護を主眼としたプラン（チトフ大統領付属ビジネスオンブズマンとストルィピン・クラブを中心とする成長戦略「ストルィピン・

クラブ・プログラム」)、③労働生産性の強化をハイライトする経済発展省のプランが議論されているが、経済成長戦略の明確な青写真は描き切れていない。

◉経済制裁に対する本音

結論として、欧米による経済制裁は、ロシアの経済基盤を崩壊させるような威力はないが、経済成長を阻害するものであることに違いはなく、制裁は科す側にも損失を生じさせる「ルーズ・ルーズ」ゲームだと主張していくことで、一刻も早く、解除に持っていきたいというのがロシアの本音であろう。

また、安保・外交政策や政治的な対立があっても経済面での紐帯強化により、巧みに二国間関係を取り持ち、耐性ある包括的な外交関係を構築することを得意とするプーチンにとって、欧米経済制裁は、足かせ以外の何物でもないと捉えられているであろう。前駐米ロシア大使のキスリャク下院外交委員会副委員長は、欧米制裁は、かつて西側がロシアに強いた国際経済の原則を破壊するものだと口を極めて非難している。

1　米国制裁は、Arctic offshore（北極海）、ＥＵ制裁は、Arctic（北極圏）と定義されており、そのまま読めば、米国制裁は北極圏オフショア（北極海）にスコープが限定されている。

2　一方、欧米の資源メジャーやSchlumberger、Halliburtonといった大手石油サービス会社にとって、ロシアは資源ビジネスの主戦場となってきた。米国エネルギー企業のビジネス機会の甚大な喪失を憂慮した在ロシア米国商工会議所会頭兼ＣＥＯのアレクシス・ロジャンコ氏は、米国企業のみが不利な状況に追い込まれないよう、米国政府に再三申し入れしていると述べている。

3　２０１４年９月12日付公布のEU Regulation No.960/2014は、「It shall be prohibited to directly or indirectly make or be part of any arrangement to make new loans or credit with a maturity exceeding 30 days to any legal person, entity or body referred to in paragraph 1 or 2, after 12 September 2014 except for loans or credit that have a specific and documented objective to provide financing for non-prohibited imports or exports of goods and non-financial services between the Union and Russia or for loans that have a specific and documented objective to provide emergency funding to meet solvency and liquidity criteria for legal persons established in the Union, whose proprietary rights are owned for more than 50% by an entity」と規定されており、ＥＵ－ロシア間の制裁対象外輸出入取引に係るファイナンスは禁止されていない。他方、ＥＵ法人による日本―ロシア間の輸出入取引に係るファイナンスは禁止対象と解釈される内容となっている。

4　１９９７年～２０１４年に地方自治体プロジェクト41件の取組み実績あり（除くキャンセル）。
https://www.ebrd.com/work-with-us/project-finance/project-summary-documents.html?/=/&filter

Country=Russia

5　なお、ＥＢＲＤへのＥＵ28ヶ国の出資比率は63％、米国10％、日本９％（２０１７年３月末時点）。www.ebrd.com/investment-of-choice.pdf

6　オレシュキン経済発展相は、２０１７年５月のＥＢＲＤ理事会においても与信再開を認める判断がなされなかったため、「ＥＢＲＤはもはや、開発金融機関ではなく外交上のツールに堕ちた」、「今後の資本拡大の必要が生じてもロシアは追加出資を行わない」等と発言。Russia & CIS Business and Investment Weekly May 6-12 2017, P11-12. Nicosia. May10 (Interfax)

7　ロシア財務省ＨＰ参照。http://old.minfin.ru/en/statistics/fedbud/?id_38=25609

8　一般社団法人ロシアＮＩＳ貿易会『ロシアＮＩＳ調査月報』（２０１７年６月号）、2-３頁。

9　ＪＢＩＣのプレスリリースを参照。http://www.jbic.go.jp/ja/information/press/press-2017/0908-57509.html

第6章

プーチン・ロシア最後の6年を占う

プーチン第4期政権の発足

◉国民の支持根拠

２０１８年3月18日に行われたロシア大統領選挙で、プーチンは得票率76・6％（投票率は約67％）で圧勝し、通算4選を難なく果たした。任期は6年で、２０００年に大統領に就任してから、首相時代も含めて実質24年の超長期政権となる。

２０１８年4月に行われたロシアの独立系世論調査機関「レヴァダ・センター」の調査結果[1]によれば、プーチンが成功したことは何かという問いに対し、国民の47％が「ロシアを敬意を払わせる大国に戻した」と回答したという。続いて、同38％が「北カフカスの情勢を安定させた」、同27％が「分離独立の風潮を抑え、国の崩壊を阻止した」と安保・外交上の成果を特に上位に挙げる。

ロシアから見たクリミア、ウクライナ問題——ロシアの「地政学的本能」

本書では、2014年のロシアによるクリミア侵攻、ウクライナ東部紛争を契機として展開されたロシアの国際社会での立ち振る舞いを中心に地政学的な視点から見てきた。プーチンとその側近が即断したクリミア侵攻は、内政面から言えば、間違いなく政権の国内支持基盤を強固にした。国際社会からの非難を一斉に浴び、G8から締め出されることになったプーチンのクリミアへのアプローチは、ロシア国民には熱狂的に迎え入れられたのである。プーチン大統領への支持率は一時90%近くまで上昇し、2014年2月以降、80%を下回ることなく安定的に推移していた。一連のクリミア編入の過程において、ロシア全土を覆う高揚感は、「よくぞクリミアを取り戻した」の一色といえた。

その理由は、外国人にはすんなり理解し難いものがあるが、ソ連崩壊に辛酸をなめたロシア国民の深層心理に依拠するところがある。そもそもクリミアは、1954年ソ連時代、フルシチョフ書記長が自身の出身地であったウクライナに帰属替えするまでロシア領土であり（この帰属替えもソ連枠内での象徴的な政治的なジェスチャーに過ぎないと捉えられてきた）、ソ連邦崩壊に伴う混乱の最中、位置づけがきちんと整理されないまま、不幸にもウクライナに所属することになってしまった、という悔しさ混じりの思いが心の奥底に巣食っているのである。国際社会からの非難がやかましくとも、モスクワからウラジオストクに至るまで、ロシア国民は、クリミアは本来の姿に修復されたに過ぎないとの感覚を強く持っていた。それは筆者が、ロシア国内の出張の先々で、タクシー運転手等の市井の人々の声から得た実感である。また、知的エリート層についても、大半がロシア政府の決定を間違いなく支持していた。国際法上の論拠については積極的に触れないものの、クリミア住民が住民投票によってロシア編入を支持していることを、その正当性の根拠としていた。

クリミアに加えて、欧州とロシアの中間に位置するウクライナの地政学な重要性についても、国家存亡に関わる事項とロシア国民は本能的に理解している。ロシアを代表する外交専門家・国際政治学者のドミトリー・トレーニン氏は、ウクライナをロシアの〝歴史的空間〟と表現し、1990年代半ば以降、ロシアはウクライナが別の国になったことをようやく受け入れるに至ったが、ロシアのエリートの、ある程度までは民衆の心理の中でも、キエフはロシアの諸都市の母（キエフ周辺は「ルーシ」発祥の地という説がある他、ロシア建国の最も初期に建設された都市）という思いがあったと記述している。[2]

ロシアは、クリミア編入の手続きを一気呵成に進める傍ら、ウクライナ東部ドンバス州、ルガンスク州で、親ロシア勢力を擁立し、非公式かつ間接的に軍事支援するハイブリッド戦争を展開、2014年3月以降現在まで継続するに至り、紛争による累計死者数は1万人を超える事態となった。

プーチンがこうした大惨事すらいとわなかったのは、ウクライナを西側諸国に取り込ませないという地政学的な事情に基づくことは言うまでもない。ドンバス州、ルガンスク州に実態としてロシアの支配が及ぶような状態を創り出し、ウクライナが西側傘下に入るような政策決定やEU加盟、NATO加盟に向けたアクションを構造的に抑止させる狙いがある。散発的な戦争は時折生じるが、一定の停戦が継続し、かといって紛争解決の見通しも立っていない状態、――「凍結された紛争」地域にウクライナ東部を落とし込むことが、ウクライナ、そしてウクライナを通した西側諸国に対するロシアの安保・外交上の手練手管である。

◉中東への介入と「強いロシア」

欧米諸国が手詰まり状態にあったシリアでは、既存のロシア軍事拠点であるフメイミーム空軍基地（シリア北西部ラタキア近郊）とタルトゥース港ロシア海軍基地（地中海沿岸）

の維持を念頭にアサド政権を支援するための電撃的な空爆を展開した。ロシアはシリア和平協議プロセスを主導しており、一気に中東でのプレゼンスを拡大した。

かくして、近年のロシア勢力圏の維持と既存権益の確保に邁進したプーチンの軍事的アプローチは、ソ連邦崩壊で傷ついたロシア国民の自尊心を回復させ、大国ロシアの復活を自負させることに成功した。

◉国民から示された課題

他方、冒頭に言及した「レヴァダ・センター」の世論調査において、プーチンが成功していないことは何かという質問に対し、ロシア国民の45％が「庶民のために富を公正に分配させること」、同39％が「改革で失った富を庶民に戻すこと」を挙げる。

また、プーチン第4期政権に期待することは何かとの問いに関しては、「賃金・年金・補助金・最低生活費の上昇、貧困対策、生活水準の向上」が全体の39％、「保健・教育の質と手頃さ」が同25％、「経済発展、為替の安定、経済危機の克服、石油依存からの脱却」が同20％と、特定層だけではなく、皆が豊かと感じられる社会の実現に向けた取組みに国民の要望が強いことが分かる。

地政学的な事情によりプーチンが選択した安保・外交政策は、欧米からの経済制裁を招き、少なからず、一般市民に我慢を強いた。しかしながら、大国ロシアの復活に向け一心不乱に取り組むリーダーをロシア国民は支持し、自身の生活上の不満をいったんは飲み込んだ。ただ、長い目で見れば、平等な経済的機会が提供されることや日々の暮らしの改善を望んでいることに違いはない。

プーチン最後のゴール

２０１８年5月7日、大統領就任式に臨んだプーチン大統領は、同日付、大統領令「２０２４年までのロシア連邦発展の国家目標および戦略的課題について」を発行した。この大統領令は今後6年間の国家運営上の目標を定めるもので、いわゆる「5月指令」とも呼称される。その内容には、社会政策、経済成長に向けた取組みがずらりと列挙された。定常的な人口増、平均寿命の伸長（２０３０年に80歳）、国民の実質所得の増加、インフレ率以上の年金給付額の増加、５００万世帯以上／年の住宅事情の改善といった項目が並び、ロシア国民の期待や世論の雰囲気が反映された内容となっている。

◉内閣の顔ぶれに表れたプーチンの意志

また、5月7日、プーチン大統領は、メドヴェージェフ首相の続投を議会に提案し、同日、メドヴェージェフ首相は、10名の副首相候補を提示した。また、5月18日には、新しい閣僚リストが公表された。その顔ぶれからは、プーチンが、保守的な財政運営とともに、これと両立する経済政策の実施を内閣に期待していることがうかがえる。

内閣の要となる第一副首相には、シルアノフ氏が、現在の役職である財務相を兼任する形で昇格し、極東政策の中核であるトルトネフ氏は留任した。その他、主要な経済閣僚であるノヴァク・エネルギー相、オレシュキン経済発展相、マントゥロフ産業商務相らも軒並み留任し、油価低迷と欧米制裁の最中、財政と経済運営を切り盛りしたテクノクラート達が改めて信任された格好となった。２０００年から２０１１年まで財務相を務め、財政規律派として市場からの信任の厚かったクドリン氏は、会計検査院長官として復帰することが決まった。また、シルアノフ現財務相、ノヴァク・エネルギー相、オレシュキン経済発展相、社会政策担当の副首相に昇格したゴリコワ氏らがいずれも財務省の次官経験者であることから、財務省色の強い内閣の布陣と分析できる。従来に増して、規律ある財政と安定した経済施策が選好される理由は以下のように考えられる。

◉制裁の克服

一つは、不透明性を増す米国による経済制裁が挙げられる。欧州復興開発銀行（ＥＢＲＤ）は、２０１８年と２０１９年のロシアのＧＤＰ成長率を１・５％プラス成長の２０１７年と同水準に留まるとし、経済成長の主なリスクは、油価動向、投資を促進させるビジネス環境の改革の欠如、地政学な緊張とロシア向け経済制裁の拡張であると分析している。ビジネス環境の改革は自助努力が効くが、油価や米国の経済制裁のエスカレーションは、外的ショック要因で他律的である。これに備えるためには、油価が高止まりしていた２０００年代のロシアがそうしたように、プーチン第４期政権も、可能であれば余剰資金を貯蓄する堅実性が求められる。

◉引退後を見据えた基盤づくり

二つ目は、この4期目がプーチンにとって最後の大統領としての任期となる可能性があることに起因する。プーチン大統領は、任期6年を終える2024年に71歳となる。ロシア憲法上、大統領職に2期連続を超えて就任することは禁止されているため、71歳という年齢も勘案すれば、今回が最後となる可能性がある。従い、プーチンにとっての一つのゴールは、2024年に後継者に権力を円滑に移譲することと、引退後も何らかの影響力を行使できる体制を構築することと考えられる。これを実現する上で、規律ある財政状態を保ち、基礎力に裏打ちされた健全な経済を確立することは政権基盤の前提である。ただ、一方で年金改革や増税といった国民にとって痛みを伴う政策や構造改革は漸進的に行われると見るのが自然である。

これら施策をプーチンは第3期とほぼ同じ顔ぶれとなる財政、経済閣僚にゆだねる。プーチンは、油価下落と欧米制裁の二重のショックの最中、クリミア、ウクライナ、シリアでの軍事展開に伴うコストを捻出しつつ、安定した財政運営を主導した財務・経済テクノクラートを特に評価している。

ロシアを取り巻く国際環境とプーチンの経済外交

毎年恒例のプーチン大統領が主導するサンクトペテルブルグ国際経済フォーラムは２０１８年、パートナー国である日本の安倍首相の他、フランスのマクロン大統領、ＩＭＦのラガルド専務理事、中国の王岐山国家副主席が参加した。フォーラム全体のテーマは、「Creating an Economy of Trust」とされ、地政学的緊張と国際経済秩序の相互作用について、世界各国の識者による活発な議論が繰り広げられた。

プーチン率いるロシアは、海外の要人や企業トップ、ビジネス関係者を招聘した国際経済フォーラムの運営を得意としており、米国が保護主義的な経済政策やさまざまな経済制裁を発動する中、これら近年のイベントでは、自由貿易体制と多国間主義に基づく経済連携や、安定した国際経済秩序の重要性を呼びかけることが多い。米国は、中東・中央アジアでの軍事プレゼンスを縮小させていく一方で、経済制裁を重用する機会が増加した。それに対してロシアは、制裁国と被制裁国のいずれの国力も削ぐことに繋がりかねない経済制裁を非難した上で、ロシア自身が、自由で公平な国際的な経済活動を奨励し、それを確保するプラットフォームや枠組みの構築を主導していることを熱心に説く。

◉揺らぐ米国・欧州の体制と独自路線の中国

２０１７年1月、トランプ大統領は、環太平洋経済連携協定（ＴＰＰ）から離脱する大統領令に署名し、同年7月には気候変動対策の国際的枠組み「パリ協定」からの離脱も表明した。また、２０１８年3月には鉄鋼に25％、アルミに10％の追加関税を導入する大統領令にも署名し、一方的な保護貿易措置を講じている。「米国第一」を標榜するトランプ氏は、所得格差の拡大に不満を持つ有権者や反エスタブリッシュメント層の支持を得て大統領に就任した。

欧州でも２０１６年6月、英国が国民投票の結果、欧州連合を離脱するといった動きが見られ、経済移民であっても排斥するような空気が漂った。グローバライゼーションは国家間の格差だけではなく、米国、英国といった主要先進国の国内格差も助長させた。通信技術の発達により、各国によって事情は異なるが、富の偏在を多くの人間が知るようになり、不満を抱えるようになった。こうした人々の不満は、第二次大戦後、欧米諸国が構築した自由貿易体制の拡大をめざすブレトン＝ウッズ体制を内側から揺さぶっているとも言える。

そうした中、中国の「一帯一路」経済圏構想は、インフラ構築を通じた沿線国の連結性

（コネクティビティ）の強化、ひいては、これに伴う域内外の格差是正を標榜するが、これは、欧米が苦しむグローバライゼーションへのアンチテーゼに聞こえなくもない。

◉ロシアの取る道

そしてロシアは、G7主導型の国際経済秩序から、G20がリードする多極構造への変容を後押ししている。プーチンは、「グレート・ユーラシア・パートナーシップ」構想を掲げることで、中国の巨大な「一帯一路」経済圏構想と対等なイメージを醸し出すことを狙っている。また、ロシアは上海協力機構を通じて、インド、パキスタン、さらにイランも交え、かつてない規模の経済統合の観点も加えた地域協力機構の枠組みを整えつつある。

その一方で、トランプ政権は2018年5月には、欧州同盟国の反対にもかかわらず、イラン核合意からの離脱と在イスラエル大使館のエルサレム移転を強行した。米国と欧州の間での、追加関税の適用除外に関する協議も予断を許さない。米国と欧州による大西洋を横断する伝統的な同盟関係（トランス・アトランティック同盟）もかつてないほど脆弱となっている。

こうした激変する国際情勢の中で、プーチン大統領は、より安定した財政・経済運営を展開し、外資を含む投資やビジネス環境の改善に努め、これを内外にアピールしていくであろう。ロシア経済を支える石油ガス収入は、油価の動向が重要である。この点、大幅な油価下落を回避するため、ＯＰＥＣとの減産協調を含む対応を継続するであろう。また、構造改革を促し、経済成長を牽引する新産業の育成も重要課題となる。デジタル技術をあらゆる分野で早期導入させることを、プーチン大統領は新施策として標榜する。情報インフラの拡充に加え、国際競争力あるＩＴ企業や情報通信分野の優れた人材をいかに育成できるかが鍵となろう。さらに今後の不透明性を増すトランプ政権による追加制裁には、その都度、対応に腐心することになろう。

◉そして日本

ロシアと各国の情勢に目配りしつつ、プーチン第4期政権と対峙する日本は、従来以上に多面的な二国間関係を基調とし、互恵的なビジネス関係の拡大をめざしていくべきだろう。

プーチンは、第4期政権発足時の大統領令「5月指令」において、人口、保険、教育、住宅・都市環境、エコロジー、道路、文化、中小・個人ビジネス、国際協業・輸出を対象とする12の国家プログラムの作成を内閣に指示した。これら重点とされた対象は、安倍首相がそれ以前に提唱している経済分野に関する8項目の協力プランと符合する。このことから、日露間のビジネスは、医療、生活環境、都市開発、中小中堅企業ビジネス、北極圏LNG、北極海航路（東回りルート）を含む連結性強化に資するインフラ建設が、今後、特に有望と考えられる。

G7としての一体性や同盟国との関係強化は前提事項であるが、日本とロシアの関係は二国間で定める独自の戦略と方向性によって深められるべきであり、これまでの関係が停滞していただけに、成長の余地は大きい。それはビジネス関係も同様である。日露両国企業の国際競争力の維持・拡大、国際経済秩序の安定性、地球環境改善に貢献する互恵的なビジネスについては、流転する地政学的情勢にかかわらず、迷いなく追求すべき時期が到来していると考える。

1　https://www.levada.ru/2018/05/07/vladimir-putin-6/

2　ドミトリー・トレーニン『ロシア新戦略——ユーラシアの大変動を読み解く』（作品社、2012年）164－169頁。

結びにかえて

モスクワ赴任中、「なぜプーチン大統領の支持率はそんなに高いのか」とよく聞かれた。確かにクリミア編入（２０１４年３月）から２０１８年３月の大統領選挙に至るまで、おおむね80％を下回ったことがなく、驚異的な水準であった。[1]

「プーチンとの直接対話」という毎年恒例のＴＶ番組がある。２０１７年６月中旬、15回目となる直接対話が行われ、生放送の中、プーチン大統領が４時間にわたって73の質問に答えた。質問は、政治、経済、安保・外交、地域社会、住宅、環境、プライベートなものまで多岐に及ぶ。これとは別に千名を超える国内外メディアとプーチン大統領が対峙する「マラソン対話」という年末恒例イベントもある。筆者も部分的ではあるものの、これらＴＶ番組を毎年観た。政治ショーとしての側面もあるが、保守的な価値観に基づきながらも、開明的な視点を取り入れ、ロシアを強くしたいとするプーチン大統領の強い意思が伝わってくる内容となっている。また、プーチン大統領の当意即妙の受け答えも手伝って、国民視聴者は決して退屈していない。

国際社会においては、クリミア侵攻・ウクライナ東部紛争、シリア空爆等の好戦的な対外政策により、あたかも「チェスの駒」を動かす人物として、プーチン大統領の存在感は増している。また、国内政治にあっては、特に治安強化に意を注ぎ、近年の欧州・中東と比較すれば、イスラム過激派等の自爆テロ発生件数を限定的なものに抑え込んでいる。プーチンが大統領に就任した２０００年以降、モスクワの都市インフラもずいぶん改善された。

プーチン大統領の支持率自体が操作されているのではないかという指摘も時折聞かれる。メディア支配、言論統制、プロパガンダが巧みに展開されており、現在の日本の感覚で言えば、言論の自由に関し、深刻な歪みが今のロシアには確かに存在している。しかし、筆者の肌感覚として大統領への80％の支持率は人工的なものではない。

こうしたプーチン大統領が率いるロシアは、ビジネスの観点からいえば、国内の政治社会の安定が見通せるため、一般にはプラスである。他方で、地政学的な情勢に応じて、安保・外交政策が自在に展開されるため、周辺国と緊張関係が突然引き起こされ、実際のビジネス環境やプロジェクトに不安定性をもたらす側面がある。本書で述べた欧米経済制裁はこの代表的な事例である。

この欧米経済制裁に原油価格の顕著な下落が加わり、ロシア経済は、２０１４年から２０１５年にかけて大きくゆさぶられた。急激なルーブル下落に見舞われ、２０１５年のＧＤＰ成長率はマイナス２・８％に落ち込んだ。しかし、そうした経済・社会状況に実際に身を置いてみて、筆者が強く感じたのは、ロシア経済社会の耐久力、タフさである。

現在、40代半ばのロシア人は、20歳前後にソ連邦崩壊（１９９１年）、20歳代後半ではロシア政府債務不履行（１９９８年）、30歳代後半では、ＧＤＰ成長率をマイナス７・８％に冷え込ませたリーマンショック（２００８～09年）といった具合にさまざまな荒波を乗り越えてきている。ルーブルが、２０１６年１月22日、１ドル当たり83・６ルーブルまで下落した際（筆者の第二回目のモスクワ赴任時（２０１３年６月14日）は１ドル当たり33ルーブル）、さすがに慌てた筆者に対し、日頃お世話になっている通訳の方が、「まあ、まだ大丈夫です」と泰然としていたことを思い出す。

この景気下降局面に強いロシア経済社会の特徴は、ロシア国民のメンタル的なものに拠るところもあるが、金融指標に現れない実体経済の存在からも指摘できる。ロシア人は、１９９０年代、銀行破綻により預金が雲散霧消してしまった苦い経験があるため、一般に現金、銀行預金だけではなく不動産等のモノに分散して資産を保有していると言われる。

例えば、ロシアの２０１５年名目ＧＤＰは80・8兆ルーブルであるが、２０１５年12月末時点のロシア銀行セクター全体の預金額（個人、法人、外貨預金）は44・2兆ルーブル。よって名目ＧＤＰに占める銀行預金の割合は54・7％に留まることになる。日本は、２０１５年の名目ＧＤＰ５３２兆円に対し、個人金融資産１７８３兆円のうち現預金が９２０・２兆円である[2]。名目ＧＤＰに占める現預金の割合は１７３％となり、ロシアの３倍強である。このようにロシアの経済社会は、一定の金融指標だけでは測れない側面があることがうかがえる。

また、ロシアの経済力は、やはり厳しい自然環境の中でのエネルギー開発に真価が見出せるのかもしれない。本文でも触れたが、筆者は、２０１７年、北極圏ヤマル半島に位置するヤマルＬＮＧプロジェクト、同半島のノーヴィ・ポート石油鉱区、ギダン半島付け根に位置するザポルヤルノエ・ガス鉱区を実見する機会に恵まれた。冬季は氷に完全に閉ざされる陸の孤島ともいえる地域にあって、巨大かつ複雑なプラントが整然と建設、あるいは稼働している様子には圧倒されるものがあり、ロシア人のたくましさと底力を感じた。

本書では、ロシア側の視座から、欧米諸国との緊張が増すに伴って強化された東方＝アジア、南方＝中東、北方＝北極圏へのプーチンの経済外交の戦略的展開について記述を試みた。その時々の地政学的動静を踏まえて繰り出されるプーチン大統領の安保・外交政策、ならびにこれを下支える各国との経済的紐帯の強化に向けたアプローチは、一定のロシア的価値観に基づきつつも変幻自在のようである。

一方、昔も今も将来も、ロシアに底堅く存在する日本企業にとっての互恵的なビジネスチャンスは、普遍妥当と考える。これは欧米経済制裁下であってもそうである。むしろ、世界経済フォーラム（ＷＥＦ）が発表した２０１７年の国際競争力ランキングにおいて、ロシアは38位とされ、５つ順位を上げた。インフレ率の大幅な低下等のマクロ経済環境の安定性、初等教育の普及度合いやデジタル経済化の加速等が評価されている。逆説的であるが、欧米制裁という外圧は、ロシア経済構造をより強固なものへ転換させる契機となりうるかもしれない。

また、安倍首相の「経済分野に関する8項目の協力プラン」は日本とロシアの経済プロジェクトの実現を後押しする。

従来、日本企業にとってのロシア・ビジネスとは、①ロシア欧州部（モスクワ、サンクトペテルブルグ）を中心とする消費市場、②石油、ガス（LNG）、石炭等の資源供給元、③輸出プラントの供給先としての位置づけが主流であったが、ロシアが日本企業に期待するビジネスは、①ハイエンドな日本特有の技術・経営ノウハウ・労働規律の移植を伴うもの、②輸入代替・ローカライゼーション促進効果がある直接投資を伴う現地生産、③輸出基地化を促す極東シベリア開発、④医療・都市開発等の社会開発型プロジェクト、⑤北極圏LNG、北極圏航路（東回りルート）を含む連結性を強化するインフラ建設にシフトしている。これらを的確にカバーする8項目の協力プランは、ロシアが日本との経済交流で思い描くビジネスのあり方や展望をトレースしている。

地政学上の目的を達成するための「地経学」的手段は、さまざまなオプションを持つことが望ましいのは言うまでもない。しかし経済制裁は数あるオプションの中でも手っ取り早いものなのであろう。オバマ前米国大統領が、中東・中央アジア等での軍事的プレゼンスを縮小させていく過程で、経済制裁が重用される機会は増加した。トランプ大統領のディール（取引）外交の過程においても、さまざまな経済制裁が講ぜられている。

地政学的な要因により、欧米とロシアの関係は曲折に富み、欧米経済制裁の見通しは依然として不透明である。また、シリアをめぐる複雑な中東情勢、原油価格といった市況要因が、ビジネス環境に大きな影響を及ぼす可能性も排除できない。しかしながら、日本とロシアの両国のビジネス関係者が、地に足をつけて吟味すれば、互恵的なプロジェクトを見出しうる可能性は常に高いと考える。

特に、極東シベリア地域を含む北東アジアは、日本にとって手つかずの成長フロンティアである。不遜な言い方となるが、まずは現場に足を運び、実際にロシアのパートナー候補と対話を始める日本企業が一社でも増えることを期待したい。そして両国ビジネス関係者による粘り強い取組みにより、ロシアと日本の地域社会経済に貢献する互恵的なプロジェクトが一件でも多く実現されることを願って止まない。そのためにこの小著が一片の切っ掛けとなれば幸いである。

最後に、本書の企画・構想段階より的確なご助言を頂き、真摯に筆者のつたない文章に向き合って頂いた東洋書店新社の岩田悟氏に心から感謝申し上げる。同氏のご支援なくして本書が完成をみることはなかった。また、本書の出版を認めて頂いた勤務先、ならびにご協力頂いたすべての方々に深甚の感謝の意を表したい。

1 https://www.levada.ru/en/ratings/

2 http://www.nicmr.com/nicmr/data/market/retail.pdf

国名	事態の経過と制裁内容
米国 および EU	【個人等】チェレゾフ・エネルギー省次官ら21名、Technopromexport LLC等の9社の在米資産凍結、米国への渡航禁止 【エネルギー等】スルグトネフチガスが50%以上株式を保有する子会社を制裁対象として明確化
日本	2014年3月18日 査証発給緩和協議の停止、3協定（新投資協定、宇宙協定、危険な軍事活動の防止に関する協定）交渉停止 4月29日 ウクライナの主権と領土の一体性の侵害に関与したと判断される23名に対する日本への入国査証は発給停止 8月5日 ヤヌコーヴィチ前ウクライナ大統領、ドネツク人民共和国、ルガンスク人民共和国、クリミア共和国幹部ら40名および在クリミア・ガス会社Chernomorneftegaz、石油供給会社Feodosiya Enterpriseの2社の在日資産凍結、クリミア産品の日本への輸入制限措置、EBRDによるロシア向け新規融資停止に係る協調 9月24日 ズベルバンク、VTB、VEB、ガスプロムバンク、ロシア農業銀行による日本での証券（期間90日を超える社債・株式を含む）の発行・募集および労務・便益提供を許可制とする資本・役務取引規制、ロシア向け武器等の輸出に係る審査手続きの厳格化

注：役職は制裁発動時のもの。 出典：米国OFAC、EU当局HP等から筆者作成

国名	事態の経過と制裁内容
米国 および EU	(7) ロシア政府職員を不当に利する形(in a manner unjustly benefits)でロシア国有資産に関し、1,000万ドル以上の投資又は民営化を促進する取引を行った企業・個人(含む外国企業・法人)に対する制裁 ●制裁内容 上記3の(6)と(7)、下記4の(1)bと(4)については、米国大統領により以下のうち5つ以上の制裁を実施。 イ)米輸銀による保証・保険・融資等支援の不承認、ロ)米国当局による物品・技術輸出ライセンス発行禁止、ハ)米国金融機関からの1,000万ドル以上の融資等の禁止、ニ)国際金融機関の融資への反対、ホ)米国政府の債務証券のプライマリー・ディーラーとしての指定禁止、ヘ)米国政府の代理人業務又は米国政府資金取扱いの禁止、ト)米国政府調達からの除外、チ)外国為替取引の禁止、リ)送金・支払等銀行取引の禁止、ヌ)資産凍結・資産取引の禁止、ル)米国企業・個人による制裁対象企業・個人との資本提供等の禁止、ヲ)制裁対象企業の経営者・支配株主等の米国査証発給禁止、ワ)役員等へのイ)〜ヲ)の適用 4:サイバーセキュリティ、贈収賄、制裁回避・人権侵害、インテリジェンス・防衛セクター分野の制裁強化 (1) a)ロシア政府の代わりに民主的な政府・組織にサイバーセキュリティを損ねる活動に故意に関与したと米国大統領が判断する企業・個人(含む外国企業・個人)に対し、在米資産凍結、米国査証発給停止、b)このサイバーセキュリティを損ねる活動を支援した企業・個人(含む外国企業・個人)に対する制裁、c)このサイバーセキュリティを損なう活動に関し、故意に金融サービスの提供を行った企業・個人(含む外国企業・個人)にはUFSAが定める制裁措置のうち3つ以上を適用することを規定 (2) 相当規模の贈収賄に関与したロシア政府職員等に相当の支援を行った個人(含む外国人)に対する制裁措置(在米資産凍結、査証発給停止等)を規定 (3) a)米国の対ロシア制裁回避やb)ロシアが強制的に支配した領域内での人権侵害に関与した外国企業・個人に対して、a)は資産凍結等、b)は資産凍結、査証発給停止等を新たに規定 (4) ロシア政府のインテリジェンスまたは防衛セクターに属する企業・個人(含む外国企業・個人)、これと相当程度の取引に関与したと米国大統領が判断した企業・個人(含む外国企業・個人)に対する制裁 8月4日、EU制裁(11) 【個人等】チェレゾフ・ロシアエネルギー省次官ら3名、OOO VO TPE、ZAO Interavtomatika(クリミア電力プラント建設請負)等の3社の在EU資産凍結、EUへの渡航禁止 2018年1月28日、米国制裁⑮

国名	事態の経過と制裁内容
米国 および EU	2017年6月20日、米国制裁⑭ 【個人等】ナザロフ経済発展省次官（クリミア開発担当）、ババコフ大統領特別代表（在外同胞支援担当）ら38名の在米資産凍結、米国への渡航禁止 【エネルギー等】トランスネフチが50％以上株式を保有する子会社を制裁対象として明確化、在クリミア・ロシア資本のThe Industrialny Sberegatelny Bank等中小規模6銀行を制裁対象に追加 2017年8月2日、Countering America's Adversaries Through Sanctions Act（H.R.3364）/Countering Russian Influence in Europe and Eurasian Act of 2017（対ロシア制裁強化法）制定＝制裁解除に関する米国議会の事前承認を義務化 ●対ロシア制裁強化法の概要 1：制裁の撤廃・不適用に関する議会による事前承認の義務化（米国大統領による制裁の撤廃・不適用等にあたっては米国議会による事前審査を経て承認を得る必要あり） 2：米国大統領令に基づく既存制裁の法制化 3：金融・エネルギー分野の制裁強化 （1）米国財務省は、鉄道（railway）、金属・鉱業（metals and mining）分野の国営企業を制裁対象（在米資産凍結等）とすることが可能（may determine） （2）米国法人による国営銀行6行（ズベルバンク、VTB、ガスプロムバンク、VEB、バンクオブモスクワ、ロシア農業銀行）に対する期間14日超（従来の30日超より厳格化）の新規融資等の禁止 （3）米国法人によるエネルギー4社（トランスネフチ、ガスプロムネフチ、ロスネフチ、ノヴァテック）に対する期間60日超（従来の90日超より厳格化）の新規融資等の禁止 （4）米国法人による石油産出の可能性があり、かつ支配持分または相当の非支配持分（33％以上の持分）を有する制裁対象法人（またはその資産等）（ロスネフチ、ガスプロムネフチ、ルクオイル、スルグトネフチおよびガスプロム）が関与するロシア内外における新規の大深海（約150m以深）・北極海・シェール層開発プロジェクトにおいて石油探鉱、生産に使用する技術および物資・サービスにつき直接・間接的な輸出・再輸出を禁止 （5）ウクライナ自由支援法Ukraine Freedom Support Act of 2014（略称UFSA）で規定するロシアにおける大深海（約150m以深）・北極海・シェール層の石油開発に関し、"significant investment"を行ったと米国大統領が判断した外国人に対し、UFSAが定める制裁措置のうち3つ以上を適用することを規定 （6）米国大統領は、同盟国と調整して（in coordination with allies of US）、ロシアのエネルギー輸出パイプライン（for the construction of Russian energy export pipelines）に関する投資または物品・サービス等提供を行った企業・個人（含む外国企業・法人）に対して制裁を科すことができる（may determine）。投資または物品・サービス等提供とは、100万ドル以上の市場価値を有するものまたは12ヶ月で累計500万ドル以上の合計市場価値を有するものが対象

国名	事態の経過と制裁内容
米国 および EU	2：金融セクター ●制裁対象候補 ○上記①「軍需およびエネルギーセクターに対する制裁」で制裁対象となった個人等に係る“significant transaction”に故意に(knowingly)支援・関与した外国金融機関 ○ウクライナ問題に関連するSDN(Specially Designated Nationals)リスト(資産凍結者リスト)に掲載されている個人・法人および米国大統領令等に従い資産が凍結された個人・法人に係る“significant financial transaction”に故意に(knowingly)支援・関与した外国金融機関 ●制裁内容 米国金融システムからの排除(口座開設・送金等の禁止) 12月19日、米国制裁⑩／EU制裁(10) 【地域】クリミア、セヴァストポリへの投資、運輸・通信・エネルギー・石油ガス・鉱物セクターに関する製品・技術の輸出、関連インフラの技術支援等の禁止 **2015年2月11日、第二次ミンスク協定(ミンスク2)締結** 2015年7月30日、米国制裁⑪ 【個人等】寡占資本家チムチェンコ氏等の関係者ら11名、軍事企業等の15社の在米資産凍結、米国への渡航禁止 【金融】VEBが50%以上株式を保有する子会社18社を制裁対象として明確化 【エネルギー】ロスネフチ子会社が50%以上株式を保有する17社を制裁対象として明確化 8月7日、米国制裁⑫ 【エネルギー】サハリン3・南キリンスキー鉱区を「大深海(約150m以深)プロジェクトについて、石油探鉱、生産に使用する技術および物資・サービスの直接・間接的な米国からの輸出・再輸出を禁止」する制裁対象と明確化 2016年9月1日、米国制裁⑬ 【個人等】ドネツク人民共和国、ルガンスク人民共和国幹部6名、クリミア政府幹部11名、クリミア軍事企業等14社の在米資産凍結、米国への渡航禁止 【金融】ガスプロムバンクが50%以上株式を保有する子会社を制裁対象として明確化 【エネルギー】ガスプロムが50%以上株式を保有する子会社を制裁対象として明確化

国名	事態の経過と制裁内容
米国 および EU	11月29日、EU制裁（9） 【個人等】親ロシア派13名および5団体の在EU資産凍結、EUへの渡航禁止 2014年12月18日、ウクライナ自由支援法Ukraine Freedom Support Act of 2014（略称UFSA）制定 ●ウクライナ自由支援法の概要 米国大統領は、独自の判断により、下記1および2の制裁対象候補に対して制裁を実施することができる。 1：軍需およびエネルギーセクター ●制裁対象候補 ○ロシア国営企業ロスオボロンエクスポルト（ロステク子会社） ○シリア、ウクライナ、グルジア、モルドヴァおよび米国大統領が指定したその他の国に対し、ウクライナ、グルジアおよびモルドヴァ等の国際的に承認された政府の許可なく、故意に（knowingly）軍需関連物品の販売、移動および仲介等を行うロシア国有企業等、およびこれら企業の活用を支援した外国人（企業・個人） ○ロシアにおける大深海（約150m以深）・北極海・またはシェール層の石油開発に関し、“significant investment”を故意に（knowingly）行ったと米国大統領が判断した外国人（企業・個人）（筆者注：significantの定義は規定されておらず米国大統領の裁量による。以下同様） ○（NATO加盟国またはウクライナ、グルジア、モルドヴァ等に対し、“significant”な量の天然ガスの供給を停止したと米国大統領が判断した場合）ガスプロム ●制裁内容 米国大統領の判断により、下記のうち3つ以上の制裁を適用。ただし、ガスプロムに対しては、米国大統領の判断により、下記へ．とそれ以外の制裁を複合して適用。 イ．米輸銀による保証・保険・融資等支援の停止 ロ．米国政府調達への参加禁止 ハ．軍事関連物品又はサービスの輸出等各種取引の禁止 ニ．資産凍結 ホ．送金・支払等銀行取引の禁止 ヘ．制裁対象に対する米国人又は企業等による期間30日以上（軍需セクター）または期間90日以上（エネルギーセクター）の融資および出資等の禁止 ト．査証等発給の禁止 チ．外国企業の役員等への上記イ．～ト．の制裁 ●ライセンス取得義務化の拡大 米国大統領は、ロシアエネルギーセクターに対する輸出・再輸出に対して、追加的にライセンス取得を義務付けることができる（石油開発に限定しない）。

国名	事態の経過と制裁内容
米国 および EU	**9月5日、ミンスク協定締結。その後戦闘の再燃により瓦解** 9月12日、米国制裁⑨＝金融、エネルギー、軍需セクター制裁強化 【金融】ズベルバンク（追加）、ＶＴＢ、ガスプロムバンク、ＶＥＢ、バンクオブモスクワ、ロシア農業銀行ら６銀行に対する期間30日超（従来の90日超から厳格化）の新規融資、新規出資等の禁止 【エネルギー】国営パイプライン会社トランスネフチ、国営石油会社ガスプロムネフチ（以上追加）、ロスネフチ、ノヴァテックら４社に対する期間90日を超える新規融資等の禁止 【エネルギー】国営ガス会社ガスプロム、ロスネフチ、国営石油会社ガスプロムネフチ、民間石油会社ルクオイル、国営石油会社スルグトネフチら５社に対する大深海（約150m以深）・北極海・シェール層開発プロジェクトにおいて石油探鉱、生産に使用する技術および物資・サービスについて、直接・間接的な米国からの輸出・再輸出を禁止 【軍需】アルマズ・アンテイ等の軍事企業５社の在米資産凍結、ハイテク・軍事企業ロステクに対する期間30日超の新規融資等の禁止 9月12日、EU制裁（8）＝金融、エネルギー、軍需セクター制裁強化 【金融】ズベルバンク、ＶＴＢ、ガスプロムバンク、ＶＥＢ、バンクオブモスクワ、ロシア農業銀行ら６銀行に対する期間30日超の新規融資、新規出資等の禁止（ただし、EU―ロシア間の制裁対象品目を除く一般品の貿易に係る金融は除く） 【エネルギー】トランスネフチ、ガスプロムネフチ、ロスネフチら３社に対する期間30日を超える新規融資等の禁止（ただし、EU―ロシア間の制裁対象品目を除く一般品の貿易に係る金融は除く） 【エネルギー】大深海（約150m以深）・北極圏・シェール層開発プロジェクトにおいて石油探鉱、生産に直接および間接的に使用される油井ドリリング、油井テスト、地層検査、油井仕上げ、浮体設備の技術および設備・サービスの直接および間接的な輸出・供与を禁止（米国制裁とは異なり対象企業の指定なし） 【軍需】武器禁輸措置、軍事転用可能な製品の輸出制限（軍事企業９社追加） 【軍需】UAC等の軍事企業３社に対する期間30日超の新規融資、新規出資等の禁止 【個人】ドネツク人民共和国、ルガンスク人民共和国およびクリミア政府幹部ら24名の在EU資産凍結、EUへの渡航禁止

国名	事態の経過と制裁内容
米国 および EU	6月20日、米国制裁⑥ 【個人】ドネツク人民共和国、ルガンスク人民共和国幹部の在米資産凍結、米国への渡航禁止 7月16日、米国制裁⑦＝金融セクターへ制裁拡大 【金融】ガスプロムバンク、ロシア開発対外経済銀行（VEB）、国営石油会社ロスネフチ、独立系天然ガス会社ノヴァテック、軍事企業8社に対する期間90日超の新規融資、新規出資等の禁止 【個人等】ネヴェーロフ・ロシア下院副議長、ロシア連邦保安庁幹部等の4名、ドネツク人民共和国ボロダイ首相の1名、ドネツク人民共和国、ルガンスク人民共和国、石油会社Feodosiya Enterpriseの資産凍結 7月16日、EU制裁（6）＝欧州国際金融機関の新規融資の停止 欧州投資銀行（European Investment Bank、EIB）のロシア向け新規融資の停止、欧州復興開発銀行（European Bank for Reconstruction and Development、EBRD）のロシア向け新規融資の停止 **7月17日、マレーシア航空旅客17便撃墜事件** 7月29日、米国制裁⑧＝エネルギーセクターへ制裁拡大 【金融】ロシア外国貿易銀行（VTB）、バンクオブモスクワ、ロシア農業銀行、統一造船会社（USC）ら3銀行・1社に対する期間90日超の新規融資、新規出資等の禁止 【エネルギー】大深海（約150m以深）・北極海・シェール層開発プロジェクトにおいて石油探鉱、生産に使用する技術の輸出、再輸出、海外取引の禁止 7月31日、EU制裁（7）＝金融、エネルギー、軍需セクター制裁強化 【金融】EU資本市場へのロシア国営金融機関（ズベルバンク、VTB、ガスプロムバンク、VEB、ロシア農業銀行）のアクセス制限（社債、株式等の売買禁止） 【エネルギー】ロシア石油セクターによる掘削技術へのアクセス禁止 【軍需】武器禁輸措置、軍事転用可能な製品の輸出制限 **7月31日、ウクライナに関するG7首脳声明**

国名	事態の経過と制裁内容
米国 および EU	3月20日、EU制裁(3) 【個人】ロゴジン・ロシア副首相、グラジエフ・ロシア大統領顧問、マトヴィエンコ・ロシア上院議長、ナルィシキン・ロシア下院議長、スルコフ・ロシア大統領補佐官、クリミア政府幹部、軍人ら12名の在EU資産凍結、EUへの渡航禁止 4月11日、米国制裁④ 【個人等】クリミア政府幹部の在米資産凍結、米国への渡航禁止のほか、在クリミア・ガス会社Chernomorneftegazの在米資産凍結 ロシアのウクライナの主権と領土の一体性への侵害行為に対する制裁 **4月17日、米国、ロシア、EUおよびウクライナ外相によるウクライナ紛争の平和的解決に向けた措置を講じる旨を合意(ジュネーブ合意)** **4月26日、ウクライナに関するG7首脳声明** 4月28日、米国制裁⑤=ビジネスインナーサークル寡占資本家傘下企業に対象拡大 【個人】ヴォロジン・ロシア大統領府第一副長官、コザク・ロシア副首相、プシコフ・ロシア下院国際関係委員長らロシア政府高官のほか、セーチン・ロスネフチ会長、チェメゾフ・ハイテク・軍事企業ロステクCEOらプーチン大統領ビジネスインナーサークルを含む計7名の在米資産凍結、米国への渡航禁止 【寡占資本家傘下企業】寡占資本家チムチェンコ氏傘下のVolga Group、Stroytransgaz Group、Sakhatrans LLC、Avia Group等、同ローテンベルグ兄弟傘下のStroygazmontazh(SGM Group)、Investment Capital Bank、SMP Bank等の企業17社の在米資産凍結 4月28日、EU制裁(4) 【個人】コザク・ロシア副首相らロシア政府高官、議員、軍人、ウクライナ反政府者ら15名の在EU資産凍結、EUへの渡航禁止 5月12日、EU制裁(5) 【個人等】ヴォロジン・ロシア大統領府第一副長官、シャマノフ・ロシア空挺部隊司令官ら13名の在EU資産凍結、EUへの渡航禁止、在クリミア・ガス会社Chernomorneftegaz、石油供給会社Feodosiya Enterpriseの2社の在EU資産凍結

［別表］**米国、EUおよび日本の経済制裁内容**

国名	事態の経過と制裁内容
米国 および EU	ロシアのクリミア侵攻・実効支配強化・編入に対する制裁 **2014年3月1日、ロシア上院、ウクライナ派兵を承認** 2014年3月6日、米国制裁① 【個人】ロシア政府高官を念頭に在米資産凍結、米国への渡航禁止とする旨を発表 3月6日、EU制裁（1） 【個人等】ヤヌコーヴィチ・ウクライナ前大統領、アザロフ・ウクライナ前首相ら18名のEUへの査証なし短期渡航・通商関係強化の交渉停止 **3月16日、クリミア半島での住民投票実施** 3月17日、米国制裁② 【個人】アクショーノフ・クリミア首相、ヤヌコーヴィチ・ウクライナ前大統領のほか、グラジエフ・ロシア大統領顧問、マトヴィエンコ・ロシア上院議長、ロゴジン・ロシア副首相、スルコフ・ロシア大統領補佐官らロシア政府高官11名の在米資産凍結、米国への渡航禁止 3月17日、EU制裁（2） 【個人】クリミア政府幹部、ロシア政府高官、ヴィトコ黒海艦隊司令官ら21名のEUへの渡航禁止 **3月18日、クリミア・セヴァストポリ編入条約締結** 3月20日、米国制裁③＝プーチン大統領ビジネスインナーサークルに対象拡大 【個人】イワノフ・ロシア大統領府長官、ナルィシキン・ロシア下院議長、グロモフ・ロシア大統領府第一副長官、フルセンコ・ロシア大統領補佐官、オゼロフ・ロシア上院安保国防委員長らロシア政府高官の他、チムチェンコ・Volga Group会長、ローテンベルグ兄弟（兄アルカーディ、弟ボリス）・Stroygaz montazh（SGM Group）オーナー、ヤクーニン・ロシア鉄道社長、コヴァルチューク・Bank Rossiya社長らプーチン大統領ビジネスインナーサークルの寡占資本家ら21名およびBank Rossiyaの在米資産凍結、米国への渡航禁止

主要参考文献

・小泉悠『軍事大国ロシア』作品社、2016年
・小泉悠『プーチンの国家戦略』東京堂出版、2016年
・駒木明義、吉田美智子、梅原季哉『プーチンの実像』朝日新聞出版、2015年
・佐藤親賢『プーチンの思考』岩波書店、2012年
・ドミートリー・トレーニン『ロシア新戦略』（河東哲夫、湯浅剛、小泉悠訳）作品社、2012年
・フィオナ・ヒル、クリフォード・G・ガディ『プーチンの世界』（濱野大道、千葉敏生訳、畔蒜泰助監修）新潮社、2016年
・堀内賢志、齋藤大輔、濱野剛『ロシア極東ハンドブック』東洋書店、2012年
・アンナ・ポリトコフスカヤ『プーチニズム』（鍛原多惠子訳）NHK出版、2005年
・Мухин А.Алексеевич, Владимир Путин. WHO IS MISTER P ?, Алгоритм, 2015

［著者プロフィール］
加藤 学（かとう・まなぶ）
1973年東京生まれ。1996年4月日本輸出入銀行（現、国際協力銀行）入行。
2001年9月～2005年5月、2013年6月～2017年10月、
国際協力銀行モスクワ駐在員事務所勤務。
2017年11月より同行石油・天然ガス部第3ユニット長としてロシアCIS、
アフリカ諸国の資源開発、輸出案件等に従事。
慶応大学法学部卒業。ロンドン大学（SOAS）修士。

ビジネスマン・プーチン 見方を変えるロシア入門

著　　者　加藤 学

2018年9月20日　初版第1刷発行

発 行 人　揖斐 憲
発　　行　東洋書店新社
〒150-0043 東京都渋谷区道玄坂1-22-7 道玄坂ピアビル5階
電話 03-6416-0170　FAX 03-3461-7141

発　　売　垣内出版株式会社
〒158-0098 東京都世田谷区上用賀6-16-17
電話 03-3428-7623　FAX 03-3428-7625

装　　丁　伊藤拓希
印刷・製本　中央精版印刷株式会社

落丁・乱丁本の際はお取り替えいたします。定価はカバーに表示してあります。

ISBN978-4-7734-2032-6